香港神學院

當代教會課題研討

當無情地遇上有情天

恩情神學的反思

邵樟平、蘇遠泰 主編

▼

香港神學院・當代教會課題研討

當無情地遇上有情天

恩情神學的反思

When the Indifferent World Faces the Compassionate God

Reflection on Theology of Compassion

合編
邵樟平、蘇遠泰

責任編輯
蔡錦圖

裝幀設計
奇文雲海

■

聯合出版

香港神學院
香港九龍塘
金巴倫道17號
BIBLE SEMINARY OF HONG KONG
17 Cumberland Road,
Kowloon Tong, Hong Kong
電話：(852) 2336-0088 傳真：(852) 2338-9908
網址：http://www.bshk.edu.hk

基道出版社
香港沙田火炭坳背灣街26號
富騰工業中心1011室
LOGOS PUBLISHERS
Unit 1011, Fo Tan Ind. Centre, 26 Au Pui Wan St.,
Shatin, Hong Kong
電話：(852) 2687-0331 傳真：(852) 2687-0281
網址：http://www.logos.com.hk

發行
基道出版社

承印
海洋印務有限公司

●

3/2008 初版
Cat. No. LP916
ISBN-13: 978-962-457-352-7

Printed in Hong Kong

刷次	10	9	8	7	6	5	4	3	2	1
年份	2017	2016	2015	2014	2013	2012	2011	2010	2009	2008

編者序

邵樟平

指頭一面鍵入這篇〈編者序〉的文字，思緒卻飛越了時空，回到了過去。那是二〇〇三年的上半年吧？那時筆者剛剛加入香港神學院（簡稱港神）這個大家庭不久。在一次講師一起外出用膳的場合中，我們偶然談到二〇〇七年便是褚院長六十壽辰。當時筆者半開玩笑半認真地搭嘴說：「我們何不出版一本文集來賀院長六十大壽？」隨即便有同事回應：「那就由你來當編輯吧！」真想不到，這次半戲言式的交談，竟然成了事實，世事真的十分奇妙。

去年，當我們港神一班講師構想二〇〇七年四月的大型講座時，便想到選一個既值得香港信徒關注，同時又與褚院長有關的題目，因為我們想將講座後出版的專書作為賀壽文集，呈獻給褚院長。於是我們便決定了講座的題目為「無情地有情天」，其焦點是從基督教的角度去反思「情」這個課題。講座順利完成，由講座衍生的「當代教會課題研討」亦順利完結，最後，在各位講師的努力下，這本文集亦順利誕生。這文集帶有雙重的身分：它既是「當代教會課題研討」系列的其中一本專書；同時，它亦是港神全體講師合力呈獻給褚院長的文集。

在編輯此文集時，想到褚院長既是一個公認的有情人，與他在香港神學教育界共事的同儕，想必亦會有不少人想撰寫一點心聲，來祝賀褚院長的。於是我們便向中國神學研究院前任院長周永健牧師、中文大學崇基學院神學院院長盧龍光牧師、建道神學院院長梁家麟牧師和播道神學院院長楊詠嫦博士發出邀請。果如所料，他們均一口答應。雖然他們兼顧的事務十分繁重，卻仍樂意抽空撰寫賀辭，可見幾位院長對褚院長的尊重和敬愛。筆者作為編輯，在此謹向他們再次表達深厚的謝意。

本文集的專文全部由港神的現任或前任講師撰寫。專文分成三個部分。第一部分，是從文化的角度去反思「情」這個現象。趙崇明博士的文章是先透過社會學家鮑曼（Zygmunt Bauman）對「現代性」的分析，探討現今社會出現的一些「冷漠無情」現象的可能成因，從而提出一些神學的反省。蘇遠泰博士的文章是嘗試探討中國文化內的「人情」的得失。他在叩問『甚麼是「情」？』之後，便指出「情」與中國文化的關係，既為中國人建構了一個美好的文化素質，同時又產生了一個被扭曲的世界。

第二部分，是檢視「情」在聖經中的位置。張祥志先生的文章所關注的重點是：究竟耶和華對弱勢群體的具體心意是甚麼？文章透過對五經律例中有關社會層面的部分所作的思考，去探視上帝對弱勢群體的憐憫。張慧玲女士的文章是從剖析路得記中所呈現的社群性，去探討律法與「情」緊密相連的三方面重要體現：家庭的忠誠、社會的保障制度和關懷文化。文章繼而反觀香港社會的實況，作出一些具體的建議。筆者本人的文章是嘗試去論證「情」在保羅神學中所佔的重要位置。文章縷述了不論是從通俗角度、從文化角度或從宗教角度，保羅的神學都是洋溢着一份濃濃的情。故此，若忽視了保羅神學中的情，便難免對保羅神學造成誤解。翁靜淳牧師的文章是探索新約中一個較被忽略的角色：巴拿巴。文章透過重新整理巴拿巴的生平，然後整體性地分析巴拿巴的性格與特質，以顯出他是一位柔情善牧，以及評論他的事奉特色對新約教會的影響及意義。

第三部分，是從牧養信徒的角度去指出「情」對信仰的意義。張天和牧師的文章指出社會中越來越少見到情與愛，其中的一個原因，很可能是有人在付出情和愛時受過傷害。文章便是要鼓勵信徒，縱使是曾經受傷，仍然要繼續去愛。蘇遠泰博士的文章是扣着「中國基督徒」這個具體的身分，來思考應如何將「情」之可貴處，融合於基督信仰之內，從而成為一個有情的中國基督徒，把情的文化推廣至普世基督信仰的神學及倫理生活。陳文芳女士的文章是以基甸作為信徒的一個活生生的例子，指出基甸雖然有着曲折的成長，和既複雜又軟弱的性格，但神對他仍舊不離不棄，忍受他的軟弱，多方建立他。由此，我們便可以看出神乃是一位滿有恩情的神。

為了令文集更加圓滿，我們在附錄中加上了一篇〈褚永華院長小傳〉（由蘇遠泰博士撰寫）和「褚永華院長生活照」。

筆者擔任這本文集的編輯，是否暗藏着歷史的必然性，這是很難說清的一件事。不過，筆者為到能夠擔任此文集的編輯而深感榮幸，卻是肯定的。我相信除了筆者外，每一位作者同樣會有一份榮幸的感覺，因為我們撰文所呈獻的對象，乃是我們深深敬重的褚永華院長！

二〇〇七年十二月二十八日

寫於香港神學院

縮寫表

ABD	*Anchor Bible Dictionary*
BBC	Blackwell Bible Commentaries
BOSHNP	Berit Olam Studies in Hebrew Narrative and Poetry
BST	Bible Speaks Today
JPSTC	JPS Torah Commentary
NCBC	New Century Bible Commentary
NIB	*New Interpreter's Bible*
NICNT	New International Commentary on the New Testament
NIGTC	New International Greek Testament Commentary
SHBC	Smyth & Helwys Bible Commentary
WBC	Word Biblical Commentary

目錄

牧靈篇

附錄

賀辭

祝賀褚永華院長六十榮壽

周永健

歡迎褚永華院長加入「六旬會」、「花甲會」、「耳順會」的行列，多了一個身分，增添了幾個會籍。在此衷心為你獻上感恩與祝福。

我習慣以褚院長的英文名稱他為"Sam"（編按：褚牧師英文全名為 Samuel，Sam 是一般的簡稱），他同樣稱我"Wilson"，禮尚往來也。在香港神學教育界裏，大家都尊稱他「褚老大」，因他曾擔任香港神學教育協會的會長，可見他的威望。偶爾在合適的公眾場合我也如此稱呼他，雖然他年紀比我稍輕。

我記不起何時開始認識 Sam，不過好像認識他已經很久了。很早知道有這個人，但與他較多接觸是他從美國學成回港擔任香港神學院院長之後。我們算是香港神學教育界的「同工」，但並未曾有機會在同一教會、機構或神學院一起任職事奉，正因如此，我與 Sam 所建立的不是工作的關係，而是朋友的關係。與此同時，我與褚院長的交情不能說很深，只是不知怎的，我跟他一見如故，每次見面都倍感親切，好像認識甚久的好友，談話投機，甚至與他不常見面的周師母，每次相聚時都感受與他相熟，體會他的熱情。我想大概是我們二人「有緣」吧。

其實不是甚麼緣分，而是褚院長是位隨和、友善、有情的人，與他相處感覺是愉快的、舒服的、合得來的。他的「情」在於待人坦誠，真情流露，他是個真以色列人，心裏沒有詭詐。記得在多年前，他是「港九培靈研經大會」其中一位講員，當時他告訴我有一位信徒知道他的需要，把一輛舊汽車送給他，使我羨慕不已。我確知道，他告訴我這事不是要炫耀他的所有，而是與我分享他特殊的經歷，見證神的恩典。我很欣賞他的率直，不計較別人如何去想。

褚院長的「情」亦見諸他的表情。Sam 是個大情大性的人，對別人的說話和各樣事物都有顯著的回應，尤其是他臉上的表情和各種手勢。他是個富幽默感的人，你可以跟他開玩笑，樂在其中。他似乎相當欣賞我的笑話，聽後不是啊啊大笑，就是會心微笑，更有時半信半疑，擺出一副詫異的表情。我喜歡見到他不同的神態。

神重用褚院長，但亦給他很大的考驗和鍛煉。一九九八年他的大動脈破裂，性命危殆，幸蒙神保守，經過手術後安然無事。消息傳來，起初震驚不已，及後得知手術順利成功，始覺安心，為他向神感恩，並知道「耶和華喜悅他的僕人平安」（詩三十五27）。我往葛量洪醫院探望他時，他已差不多完全康復，談笑風生，豁達開朗，不像曾在死亡的邊緣徘徊。二○○四年他往美國接受大手術，眾信徒和教會對他所表示的關懷、代禱、支持，足見褚牧師何等受眾人的愛戴和敬重。面對這一次的考驗，褚牧師表現何等的鎮定、信靠和交託，是美好的見證和榜樣。手術後初期聲線雖稍受影響，但很快便回復正常，繼續教學和講道。我為褚院長蒙恩的經歷向神稱頌讚美。

願神恩上加恩、力上加力賜福給褚院長。過了六十，還有許多事奉的年日，願他的生命和事奉繼續成為多人的祝福。

情義中人褚老大！

盧龍光

與褚永華牧師（我較喜歡稱他為「褚老大」）面對面接觸，是從一九八九年開始的，當時我在教會負責「義務教士」（信徒講員）的培訓工作，在安排訓練課程時，我認為必須邀請一位成熟的學者向這些信徒領袖講解符類福音的作者問題，使他們不再將兒童主日學時所獲得的簡化答案，繼續傳遞給其他信徒。我當時得知褚老大剛剛完成的博士論文正是與這個範圍有關，便打電話邀請他作導師。他雖然不大認識我，但一口便答應了，即使我們的學員只有五人。他在該課堂中，不但清楚地介紹了符類福音作者的問題，更以一個學者又是牧者的角度分享了他的看法，情理兼備，使這些自小就以為符類福音的作者是彼此互不相關，卻寫出如此相似內容作為上帝啟示根據的信徒領袖，得以從更廣闊而又更符合人類實際經驗的角度，了解上帝啟示的聖經和編寫聖經經卷的信徒群體。這個不容易向信徒講解的課題，在褚老大講解下，卻是清楚明瞭，可見褚老大在這方面的功力深厚。

自一九八九年之後，我們並沒有很多機會接觸，因為我主力在堂會工作，而他的圈子主要在神學教育。只記得我在一九九一年通過了博士論文口試後，曾被邀請在華人聖經學者團契中介紹我的論文，舉行的地點正是褚老大當院長的香港神學院，而他問了我一個重要的問題：「保羅新約觀對教會的信仰和華人教會有甚麼實質的影響？」我記得當時我提供了一個自己也不大滿意的答案，我想褚老大也不滿意，但他並沒有追問，似乎免得我尷尬！褚老大就是一個這樣的人，學術淵博，心胸廣闊，謙厚而具牧者心腸的長者；但他所發問的問題，卻成為我日後不斷思考的課題。

自一九九五年我負責崇基學院的神學教育工作後，便與他有不間斷的深入交往，這在香港神學教育工作者中並非理所當然！

尤記得在我的就職禮中，邀請他以香港神學教育協會主席的身分勉勵時，他對著中文大學的教授、高級職員、校董、教會領袖和師生們，講了一個發人心省的故事，將我的處境帶著趣味地揭露出來；他如此了解我處於充滿著張力的境況，又如此直接和誠實地描繪，並呼籲各方面人士對我支持和代禱，這正是褚老大的誠、直、情、敢等質素的最好寫照，使我對他佩服得五體投地，也成為我與他的感情得以發展的原因；使我敢於在他忙碌的日程中仍邀請他兼任我們的老師，而他亦欣然接受；而我後來繼任香港神學教育協會的主席時，他願意接受我的邀請列席執委會的會議，並在兩次內地神學院的訪問團中，給予我莫大的支持。

褚老大對神學教育和教會的承擔，以及對朋友和同工的情義，自然對他的身體造成莫大的壓力，當我得知他的心臟血管破裂而需入院緊急開刀時，趕往醫院探望他，他分享了他的見證後，立即語重深長地提醒我，叫我小心身體不要步他的後塵！然而，可能我們是莫逆之交，以致我在十年後發現了腦血管瘤，蒙上帝的恩典，能及早進行了手術；褚老大得聞便立刻致電問候、關心及提醒，使我感受到他的情意和鼓勵。

褚老大於二〇〇四年在美國進行了心臟血管更換的大手術，在出發前，我們幾位好友請他飲茶，為他打氣！體會到褚老大在死蔭幽谷中的信心和勇氣，面對死亡的危險，仍坦然面對；感謝上帝的恩典，手術非常成功，使褚老大可以繼續與我們在香港神學教育的路途上同行。

如今，褚老大已屆六十，身體仍然健康，手術的後遺症逐漸減退，丰采依然，情義仍在，祈求上主繼續賜福褚老大，在人生的歲月中，作更美、更深、更有情義的事奉，阿們！

褚永華博士讚詞

梁家麟

褚永華博士是資深神學教育工作者，帶領香港神學院多年，肩負行政、牧養、教學、研究等重責，成績斐然。

我不曾與褚博士共事過，無法評論他的領導風格與屬靈氣質；但從他的同工口中，得知他是謙虛、溫柔、忍耐、愛心、和平集於一身的領袖，不居功，不掠美，對前景積極樂觀，對人正面肯定，對後進尤其樂於扶拔；這是他能夠團結全院師生，同心同德，為共同目標打拚的主要原因。香港神學院的規模不算大，資源亦非格外豐厚；但教師團隊的精誠合作，士氣高昂，卻是局外人也感受得到，並且讚歎不已的。

這些年間香港神學院的發展迅速，招攬了幾位年輕出色的學者同工，逐步開設碩士課程。開設的延伸課程尤其突出，並進軍文字出版工作。眾教師每年聯合開辦與當代教會課題有關的神學講座，緊貼時代脈搏，針對教會需要，外間的反應非常理想。

數年前褚博士得重病住院，同工師生校友奔走相告，迫切為他代禱，籌措資源。筆者認識一位港神校友冼淑華姑娘，第一時間託告有關消息，並要求眾人為院長禱告，令我印象深刻。種甚麼，收甚麼，有甚麼前因，便帶來甚麼後果，這個原則在人際關係上特別適用。我可以想像褚博士平日是如何善於投資了。

褚博士給我最深刻的印象是他的從容與幽默。遇事不著急，沉著應對，成竹在胸，沒有進退失據的失態；心不煩氣不躁，容人有量，談笑自若，尚有心靈空間自娛娛人。這除顯示他經得起風浪，抵得住重擔外，更反映他對上帝的信心和對個人得失的不掛搭。我不敢說褚博士已做到泰山崩於前而不懼，但最少他沒讓我看到他的張惶抓狂。內怯而不外露，也說明個人修為到家了。

神學教育行政工作並不易為，除內部人事、行政等外，還得應付外部的董事、堂會和信眾關係。褚博士委身其中多年，遊刃有餘，是我等後輩法式的榜樣。但願他在接著最成熟的歲月裏，能騰出更多時間心力，從事新約研究與著述，俾其深湛學識能普澤華人教會。

最近讀羅馬書，深被一節經文所震撼：「若是誇口，當知道不是你托著根，乃是根托著你。」（十一18）說到底，我們還是得為褚博士稱謝托著他的生命主宰。

有情有義的神學教育前輩：我所認識的褚永華院長

楊詠嫦

認識褚永華院長已有十多年了，他為人高風亮節，情深義厚。

九十年代，我開始在播道神學院任講師，褚牧師已經是香港神學院的院長了，是我的前輩。有段時期，逢星期五「港神」與「播神」舉行聯合早會，會後，兩間神學院的講師就圍坐喝茶談天。講台上的褚院長，每次證道都充滿感情，只見他時而面向會眾，時而側身凝神貫注，用力傳遞肺腑之言，情詞迫切。還記得一次他宣講馬太福音，把經文的上文下理徹底解明，使我茅塞頓開。講台下的褚院長，為人親切，叫人樂於親近。這些片段，令人十分回味。

三年前蒙神恩典，我承擔了「播神」代院長和院長的職責，自此，更多近距離接觸褚院長，從他身上，我認識何謂有情有義，對他愈發敬重。

褚院長不追求「業績」，是為有「義」。這個時代，事奉神的人常見的試探，是要追求「業績」，事事講求人數、增長、龐大、氣勢等。但是，褚院長沒有走這個方向。他重視建立同工與學生的生命，不會為求「業績」而傷害任何人。例如，他不會為求加強師資陣容，而出手「挖角」。他專心等候神的預備，行事充滿智慧，顧及他人的感受，不使用血氣手段，好箇重「義」的院長！

褚院長不但不爭競，而且積極推動院校間的合作。九十年代，他與當時「播神」的許道良院長，推動「港神」與「播神」的合作，應付當時師資之不足；此外，褚院長多年擔任香港神學教育協會的主席及執行委員，為院校間的合作，付出不少努力。

褚院長對人十分真誠，是為有「情」。這個時代，事奉神的人另一個常見的試探，就是常以強者自居，不敢以真我示人。但是，褚院長卻勇於流露真情，實踐基督愛的誡命。本年六月（編按：指二〇〇七年），我有幸擔任「港神」畢業典禮之講員，典禮之高潮，除了是畢業生接受文憑及獎項外，也是褚院長對畢業生的訓勉。當時褚院長站在講台，勉勵畢業生忠心事主，激動處潸然淚下。好箇重「情」的院長！

這種「情」與「義」，是生命的流露，也是褚院長個人的屬靈操練。記得褚院長患病要接受心臟手術之前，仍帶著軟弱的身體講道。我曾問他為甚麼不歇一歇，他說那是一早答應的聚會，不願意推辭。手術之後，聲線仍未完全恢復，他又再為主奔馳了。我相信褚院長是因為愛主和愛羣羊，才不惜這樣辛勞，盡力事奉。他對主的「情」，令他對人也有「情」。

一次「播神」邀請褚院長主講靈修日，他訓勉神學生要多方操練敬虔，要學習以所有的金錢為滿足，不貪求物質，乃要操練簡樸。他如此教導，自己也是如此實行。據悉，中華傳道會為他籌募手術經費，結果所得款項超過所需，褚院長就將餘款用於發展神學教育，其無私精神，令人欽佩。他在主前守著「義」，令他對人也有「義」。

今值褚院長六十大壽之慶，祈求天父賜院長健康歲月，為祂所用，燃亮更多人的生命！

文化篇

1

現代性與冷漠無情：社羣神學的回應

趙崇明

一 引言

就「冷漠無情」這現象本身而言，事實上具有某種普遍性，難道我們能斷言現代人必定比古代人更冷漠？或說西方人比東方人必定更無情麼？我們只能承認，日光之下無新事，古今中外人世間冷漠無情之事其實無日無之。

然而，我們卻又不能一刀切地看問題，甚至天真地以為，導致古今中外皆出現「冷漠無情」這社會現象的成因沒有分別。故此，本文所關心的是：現代社會有甚麼有別於其他時代的獨特文化元素，有可能成為「冷漠無情」這現象在現代社會出現的獨特原因？

本文分為兩部分，上半部分會借用當代社會學家鮑曼（Zygmunt Bauman）[1] 對「固態現代性」（Solid Modernity）和「液態現代性」（Liquid Modernity，或譯「流動的現代性」）／「後現代性」的分析，去探討現今社會所出現的一些「冷漠無情」現象的可能成因。文章的下半部分則對「冷漠無情」的社會現象做神學反省，從而在信仰的神學視域內提出改善的建議。

二 鮑曼的「固態現代性」觀念

鮑曼認為，「福特主義」（Fordism）和烏托邦主義最能反映「固態現代性」的特徵，他這樣地描述：

> 福特主義是處於「沉重的」、「龐大的」，或者「靜止的」和「根深蒂固的」、「固態的」時期的現代社會的自我覺醒（self-consciousness）。……它受大型工廠建築、重型機器和大規模的勞動力的約束和限制。……它們不得不去「掘壕固守」，劃定界線……沉重的資本主義，迷戀於大的身軀和大的規模，且由於這一原因，而迷戀於邊界、迷戀於使它們變得滴水不漏和不可逾越。[2]
>
> 烏托邦是確定性和穩定性的堡壘，是寧靜的王國。它代表了清晰和自信，而不是混亂。它代表了穩定而持續的、即沒有意外的因果關係。……它代表了透明，而不是模糊。它代表了確立已久的和完全可預測的慣例，而不是隨機。……烏托邦是一個受到緊密監視、調節、支配和管理的世界。[3]

總括而言，「固態的現代性」大概包括下列的特徵：固定的、靜態的、穩重的、巨大的、重型的、堅固的、長久的、恆常的、理性的、規劃的、有序的、可控制的、可預測的和具有清晰界線的地域性等。

三「固態現代性」與現代人的冷漠無情

在鮑曼自稱的現代性三部曲的後兩部著作中，[4] 他特別研究了六百萬猶太人經歷德國納粹政權大屠殺的苦難的問題。試問人世間有甚麼事情，會比這樣的大屠殺更顯出人類的冷漠無情，甚至可謂良心喪盡和殘酷不仁！一般而言，我們會認為，這類冷血的慘劇只會發生於民智未開、野蠻的原始社會或前現代社會裏，非理性及近乎瘋狂的大屠殺行為理應跟現代理性的文明社會互相對立、格格不入。然而，歷史事實卻告訴我們，猶太人所遭遇的大屠殺正正是在現代德國這個號稱文明理性的社會當中發生。於是鮑曼不禁要追問：「為甚麼有可能發生這樣的恐怖？它為甚麼會發生在世界文明化程度最高的中心？」[5] 初時鮑曼還以為可以這樣解釋：

> 大屠殺是邪惡之徒對無辜者犯下的一次可怕罪行。……謀殺者之所以謀殺是因為他們瘋狂、邪惡，並且為瘋狂和邪惡的思想所蠱惑。受害者被屠殺是因為他們無法與荷槍實彈的強大敵人相抗衡。……大屠殺是歷史正常發展過程中的斷裂，文明化社會體內生長的毒瘤，健全心智的片刻瘋狂。[6]

言下之意，大屠殺只是人類社會正常文化發展到理性文明階段偶然出現的一次異變與例外，它仍然是跟現代理性文明對立的東西。

但鮑曼終於醒覺到，上述的解釋只是一種疏忽和未經深思熟慮的誤解。他發現大屠殺並不一定跟文明社會相對立，反而絕對有可能正是理性文明的現代社會的產物，他認為猶太人所經歷的大屠殺，正正能將「現代性」的善惡正反兩面顯露出來，而且這兩面卻很協調地依附在同一實體之上。[7] 事實上，那些使大屠殺成為可能的所有條件都是「正常」的，鮑曼解釋，所謂「正常」，指的是「完全符合我們所熟悉的文明、它的指導精神、它的精髓、它內在的世界觀等等。『正常』還指追求人類幸福和完美社會的正確方式。」[8] 舉例來說，戰俘集中營正是現代文明社會大型工廠的延伸和象徵，裏面的猶太人是生產商品的原材料，而且有現代精密的鐵路網不斷把「原材料」運送到集中營內，而毒氣室內的毒氣，更是德國化學工業的先進產品，焚化爐內不斷將成千上萬的屍體燃燒所產生的濃煙，從這「大型工廠」的煙囪滾滾排出。整個屠殺過程的裝備、設施、設計和管理，都是經由專業工程師，配合有效率的官僚體制的技術人員及專人來執行和完成，是符合現代文明社會重視工具理性、科學精神及合乎「人道立場」（因為所有受害者都不是血淋淋地痛苦而死）的一項偉大工程。[9] 特別值得一提的是，現代官僚體制組織及管理學這樣東西，它所崇尚的科層組織分工和工具理性精神，最重要的是要求員工忠於自己的崗位及有效率地完成被分配的工作，甚至要求這種工作倫理要凌駕於種種個人的道德價值觀之上，於是容易造成員工只按章工作、價值中立、情感抽離。若諷刺地說，大屠殺見證了人類文明和現代性的「進步」，是在工具理性指導之下，現代工業和科技文明的一次歷史性「成就」，也是一個重視高效率和服從的現代官僚體制社會組織的「表現」。鮑曼指出：「現代文明不是大屠殺的充分條件；但毫無疑問是必要條件。沒有現代文明，大屠殺是不可想像的。」[10]

鮑曼又解釋，原來希特勒屠殺猶太人的真正原因也和「固態的現代性」觀念有關。鮑曼認為，希特勒的目標是：「除掉猶太人，最重要的是要制造出沒有猶太人的德國疆域，也就是說，對猶太人進行清洗。」[11] 本來納粹政權只打算將猶太人遷移到德國疆域以外的地方去，但隨著納粹政權在歐洲統治的地域開始膨脹，在其管轄範圍下的猶太人數目也相應地不斷增加，甚至眼見一個由德國統治的歐洲愈來愈成為伸手可及的夢想。於是不得不思想如此下去，究竟如何能將猶太人從德國疆域中清除？終於想出一個達成徹底清洗猶太人這任務的方案，就是進行徹底消滅猶太人的大屠殺行動。[12] 根據鮑曼的分析，希特勒上述的想法，其實由始至終也跟「固態現代性」所崇尚的理性原則吻合，他再三強調：

> 它〔筆者按：指大屠殺〕是現代性大廈裏的一位合法居民。……進一步說，我認為官僚制度文化是大屠殺主張得以構思，緩慢而持續地發展，並最終得以實現的特定環境；它促使我們將社會視為管理的一個對象，……視為需要被「控制」、「掌握」並加以「改進」或者「重塑」的一種「性質」，視為「社會工程」的一個合法目標，總的來說就是視為一個需要設計和用武力保持其設計形狀的花園（一種園藝形態，將植物劃分成需要被照料的「人工培育植物」和應當被剷除的雜草）。我還認為正是由於工具理性的精神以及將它制度化的現代官僚體系形式，才使得大屠殺之類的解決方案不僅有了可能，而且格外「合理」。[13]

在「固態的現代性」所重視的理性、規劃、秩序、潔淨、可控制和具有清晰界線的地域性等特徵的影響下，對德國納粹政權而言，如果社會要有秩序，就必定要劃定疆界，分門別類，才能易於管理。故此，為了要建立井然有序、潔淨統一的世界，他們不但要設法控制及管理跟他們有別、非我族類的猶太人，甚至在有需要的時候，猶太人更成為德國人需要排斥及清理的他者、異類，甚至是「雜草」。

鮑曼更認為，這種納粹式的大屠殺不僅昔日對猶太人是可能的，而今後對其他人也仍然是可能的，因為現代的官僚制度，已將我們控制及訓練到，無視於人類應該履行的道德操守和責任而去進行邪惡無情的行動。[14] 故此，這已經不僅是德國人和猶太人的問題，「固態現代性」所衍生的工具理性精神以及將它制度化的現代官僚體系形式，同時成為現代人冷漠無情這社會現象出現的條件。

四 鮑曼的「液態現代性」觀念

進入二十一世紀，鮑曼出版了另一本重要著作《液態的現代性》(*Liquid Modernity*)。對應於「固態的現代性」，他逐漸較傾向用「液態的現代性」來取代「後現代性」這概念。[15]

隨著互聯網傳媒資訊革命及消費主義的興起，鮑曼認為當代全球化社會已普遍瀰漫著「液態現代性」的特徵。事實上，傳媒資訊革命和消費主義跟全球化是息息相關的，電腦網絡和消費市場跨越了疆域的界限，以致全球化得以實現。在鮑曼看來，「現代性」從「固態」轉向「液態」階段，無疑為人類在當代全球化社會的生存經驗和生活方式帶來不少的轉變和挑戰。

1.「液態的現代性」與傳媒資訊革命

鮑曼指出，如果「福特主義」的生產模式反映了「固態現代性」的特徵，則微軟（Microsoft）在電腦空間上所提供的運作模式可謂充分代表了「液態現代性」的樣式。他對「福特主義」和「液態現代性」作出以下的對比：

> 「福特主義的工廠」，那一在沉重現代性的時代裏〔筆者按：鮑曼又給這時代取名為「硬件時代」〕，……工廠建築物的宏大、機器的沉重和……持續被束縛在土地上的勞動，都和資本聯結在一起了。無論是資本還是勞動，都不急於要或者都不能夠發生流動。……然而，隨著軟件資本主義（software capitalism）和「輕快」（light）的現代性的出現到來，它們都發生了改變。……要在一個被想像為「多元複雜和快速運動」並因而被想像為「模糊不清或者易於變化的」世界中，創立一個具有超凡適應能力的孤島。……在以光速運動的軟件宇宙中，空間簡直可以在「須臾」之間穿越；「遠在天邊」和「近在眼前」之間已經沒有差別了。空間不再對行動和行動的績效產生約束，空間已沒有多大意義。[16]

在液態的現代社會裏，人們在工作和生活上，已愈來愈不可能被困於一個細小和固定的空間裏，人們能不斷在全球遷徙、旅行、流動，而且是高速地流動。對鮑曼而言，蓋茨（Bill Gates）可謂展示了當代新商業精英的特徵，他們在電腦網絡的高速公路上奔馳，鮑曼更用「網上衝浪」這個比喻來形容他們高速流動的生活和生存模式。[17]「網上衝浪」還牽涉到速度與思想的表面化之間的關係,意味著我們在「網上衝浪」時,只能稍為停留在信息的表面便要離去,根本就很難停下來慢慢地深入思考,正如鮑曼說:「快速的衝浪,而非深深的跳水,是『屏幕上看到的』生活游戲的名字。衝浪者的成功取決於停留在表面的能力。」[18]

快速的流動自然牽涉到時空觀念的改變,「時空壓縮」是伴隨全球化液態社會自然而有的現象。正如鮑曼所說:「在我們生活的這個世界上,距離好像並沒有太大的意義。⋯⋯空間彷彿是在不斷地誘使人們去輕視、駁倒或否定它。空間已不再是一個障礙物——人們只需短暫的一瞬就能征服它。」[19]

鮑曼承認,對少數人而言,以蓋茨為代表的這種生活模式可能是一個成功的策略,因為當空間的距離被征服了,疆域的界限被取消了,全球化的力量便能為世界的未來帶來無限可能性的自由;但對剩下的大多數人而言,則可能會導致以下的苦難:非理性的混亂、沒有保障的現在和極不確定的未來。[20] 鮑曼提到:「全球化代表了基本上不可預測的進展和發展。⋯⋯未來不可能再像從前那樣變成一個確定性的王國,未來的確是失控的。」[21] 全球化社會被描繪為一個充滿無限可能性及機會的世界,在這樣的一個世界裏,幾乎沒有甚麼事情或事物是預先被決定的,於是沒有甚麼事情或事物是不可以改變的,也不會承認有甚麼事情或事物是永恆的。[22]

另一個空間觀念的改變是關乎虛擬空間和虛擬真實的問題,在傳媒資訊革命的時代裏,除了電腦互聯網大大地改變了我們的生活模式之外,電視是另一個值得關注的媒體,它和電腦為現代人建構了一個「屏幕上看到的世界」。鮑曼提到:

「事件僅僅存在於『電視屏幕』之上；離開了電視屏幕，事件就無法存在。這種觀點離波德里亞（Jean Baudrillard）的仿真（Simulacrum）只有一步之遙。」[23] 波德里亞的仿真（或譯「虛擬」或「擬象」）不同於偽造真品，它是透過媒體的圖像試圖製造真實效果的超真實性（hyperreality），它的效果是取消了真實與虛構之間的差異。如果看得見的世界就是電視屏幕的世界，那麼，在電視屏幕看到的究竟有多少是真、有多少是假的呢？

2.「液態現代性」與消費主義

毫無疑問，追求幸福是人類生活的重要目標，而現代人往往覺得追求消費生活的滿足就是達致幸福的重要途徑。傳統消費者一般會以消費作為滿足慾望和需要的手段，但當代資本主義或消費主義「必須反對的『最重要的敵人』就是『傳統的消費者』。」[24] 因為：

> 看到慾望漸漸消失，看到眼前再也沒有可喚起慾望之物，或看到世界再也沒有甚麼可欲求了，這必定是理想消費者最為恐懼的了（當然，也是消費品商人最恐怖的惡夢）。[25]

液態現代社會的消費主義大肆宣傳消費本身就是目的。消費者生活就是享受消費購物那一瞬間帶來的樂趣，這種樂趣未必來自於對物質或商品的滿足或擁有，而是來自於消費購物過程本身的慾望。因此，商品不會為了被消費者長期保存而被佔有，消費者佔有它們只是為了在即時的使用上所感覺得到的慾望,這是一種來得快、去得快的感性消費。故此,當代消費社會的生活,就是如何不斷地保持不斷轉變的慾望,而不是要滿足慾望而帶來慾望的中止,消費社會的生活方式因而是一種不斷地結束、不斷地重新開始的生活方式。

3. 小結:「液態現代性」的特徵

總括而言,「液態現代性」具有以下的特徵:輕盈的、流動的、快速的、可變的、短暫的、模糊的、表面的、多元的、混亂的、失控的、非理性的、不確定的、不可預測的、跨越疆域的界限等。

五 「液態現代性」與現代人的冷漠無情

承接上文對「液態現代性」這觀念的分析,下文也會從大眾媒介和消費主義兩方面去討論「液態現代性」與現代人冷漠無情的關係。

1. 液態現代社會的大眾媒介文化與現代人的冷漠無情

誠然,在一個資訊發達的社會裏,大眾媒介幫助我們揭露了不少社會上冷漠無情的現象。但我們也不能忽略,液態現代社會的大眾媒介(尤其是影像媒介)的文化,同時也塑造了現代人成為旁觀他人之痛苦的冷眼旁觀者。

上文提過,「網上衝浪」式的快速流動是液態現代社會的電子媒體(尤其是電腦)最大的特徵,電子媒體的影像在觀眾眼前來去匆匆地出現和消失。以電視為例,在鏡頭底下,觀眾共同觀看別人的痛苦如何在瞬間閃現,又如何瞬間在視野裏消失。媒體不斷為觀眾製造扼要、濃縮、過分簡化及標準化的來去匆匆的情緒經驗。這種情緒經驗一方面不斷提醒觀眾不用太投入在他人之痛苦裏，因而強化其旁觀者的身分。另一方面，由於媒體最重要的是吸引觀眾的注意力，但媒體所提供的資訊量又遠高於觀眾吸收和注意的能力，再加上來去匆匆的速度，故此自然會導致上文所講的思想只能停留於表面，在凡事只看表面的文化主導底下，對人對事的情感也自然流於表面。這樣說來，媒體似乎最擅於製造最強烈的情緒沖激和瞬間的遺忘。事實上，在鮑曼的心目中，在資訊高速公路上奔馳的網絡文化正有這樣的特色：

> 蓋茨看起來是一個「在位置的變換之中取得成功」的選手。他非常謹慎，不會對任何事物產生情感（尤其是情感上的依附），或是不會持續地參與任何事情，甚至包括他自己的創造。……東西剛剛堆放到一起，它們就土崩瓦解了——並且隨後不久就被忘記。[26]

更何況，電子媒體不斷流動的影像亦擅於為觀眾製造悲喜混雜的情緒經驗，以電視為例，在報導及播放完一小段關於他人之痛苦經歷之後，隨即播影的可能是鼓吹人忘記痛苦憂愁、盡情享樂消費的廣告或喜劇。大眾媒介不斷為觀者製造這種悲喜混雜的情緒經驗，似要提醒觀眾不用延續因他人痛苦而生的憐憫感受。

虛擬真實是上文提到的另一個特徵，而電子媒體所採用虛擬真實的手法和技術，卻容易為觀眾製造情感的抽離。荷李活的災難片拍得愈來愈逼真，讓觀眾在假的影像裏獲得如親歷其境的真實經驗，真假界線愈來愈模糊，其逼真處固然令到觀眾產生強烈的情緒反應，但內容的虛構又經常提醒觀眾不用太投入感情。及至如九一一般真實的災難發生，全球觀眾能同時間在電視機所播映的影像前，如欣賞另一套災難電影般真假難分地觀看。正是這樣，大眾媒介不斷塑造觀眾習慣地以看電影般的心態，以仿似情感投入，其實相當抽離的心態去旁觀他人之痛苦，況且這種抽離地表達自己的同情心及憐憫的做法，又可收到減低自己冷酷無情的罪咎感之功效。如此便潛而默化了冷漠的意識。

更何況在大眾媒介每日的報導底下，把人世間的苦難放大，把苦難全球化，我們看到苦難無日無之在地球不同角落不斷發生。使觀眾必須接受，人們面對苦難和悲劇只會顯得束手無策、無奈、沉悶，甚至因愈來愈麻木而變得冷漠。

2. 液態現代社會的消費文化與現代人的冷漠無情

正如上文的分析，消費主義使商品的生命週期變得非常短暫，物品是否耐用並非消費者最首要的考慮。然而，正所謂日久才能生情，一旦感情深厚，就算舊物已不復存在，卻仍舊能存留於記憶之中。而消費主義對人最大的誘惑，卻是叫人經常保持在一種貪新忘舊的慾望當中，每件商品或事物出現片刻就很快變舊而被人遺忘，正如鮑曼所說：

> 事實上，一旦「終生」幸福被轉換成一系列「易得易失」的快樂時，加速新陳代謝似乎突然就成了理性的箴言。快樂更替的速度愈來愈快，以至於它超出了人們的想像。這不僅有助於人們不再為幸福擔憂，也有助於人們

> 忘記先前出現過的擔憂。在流動的現代世界中，類似的健忘就是幸福的意義。[27]
>
> 消費者社會要培育的是遺忘，而不是記取。[28]

消費主義不斷潛移默化地塑造消費者生活在一種短暫、不穩定及貪新忘舊的狀態中，以致情感很難生根，對人對事逐漸很難產生信任感，人與人彼此之間愈來愈不會投放太多的感情，亦不太相信會有天長地久、永恆不變的人際關係，人與人之間的關係顯得逐漸疏離和冷淡。鮑曼對這種情況似乎也顯得有點悲觀：

> 人生苦短，但比較而言，其他任何事物的生命週期似乎更短，以致於短得令人驚訝。幾乎任何一對伴侶都不會相信海誓山盟。……如果長期保障這種資產是無法得到的，那麼，長期承諾就是債務。[29]

鮑曼清楚指出，在液態現代社會的消費文化中，難免要犧牲的將會是在人際關係中對他人的依賴和承諾。[30] 在這個鼓吹遺忘的消費社會裏，蔣勳講得好：「記憶是一種美感，全新的東西就少掉了記憶的心情，沒有深厚的感情在其中。」[31]

3. 小結：液態現代社會的旁觀者、陌生人、觀光者和流浪漢

在《後現代性及其缺憾》（*Postmodernity and Its Discontents*）和《全球化——人類的後果》（*Globalization: The Human Consequences*）兩書中，鮑曼提出了觀光者和流浪漢這兩種角色，來象徵後現代

性的兩種人格類型，他們是朝聖者的其中兩種接班人。他們生活的核心是不斷移動的過程，而不是到達目的地，在這一點上，他們跟朝聖者有別。雖然觀光者和流浪漢的共同特徵是四處地移動，他們也同時是很典型的旁觀者、陌生人，無論移動到哪裏，他們總是將當地人視為陌生人，也總是將自己定位為陌生人，他們不屬於亦不會投入他們觀光的景點和流浪的地方，他們總是跟其他人保持距離，不輕易投入感情。但是觀光者和流浪漢最主要的不同之處是：前者是有目的地移動，移動的目的是要不斷追尋新的經驗；後者的移動卻是漫無目的，或者説他對下一步的去向根本毫不關心。前者始終有一個家；後者卻無家可歸。前者的移動是甘心情願的；後者卻是被迫和無可選擇的。前者的移動是由於被世界新奇的事物所吸引；後者的移動卻是由於被世界難以承受的冷漠所遺棄。前者是後現代性的英雄；後者卻是後現代性的犧牲品。雖然觀光者和流浪漢都是後現代的消費者，因為他們是感覺的追尋者和經歷的採集者，但在消費主義的社會裏，觀光者還會受本地人歡迎，骯髒的流浪漢卻是多餘的廢物，他們可以被處理掉而不致於有任何損失和遺憾。[32]

六 現代性的冷漠無情——以香港城市發展及文化保育政策作為例子

按上文分析，「固態現代性」和「液態現代性」兩種表面相反的思維模式，原來都有可能跟冷漠無情這種現代都市文化現象有關。近年較受香港人關注的連串城市發展及文化保育事件如「西九龍文娛藝術區」、「保衛維港」、「天星及皇后碼頭的清拆」、「灣仔舊區重建」等，正是反映上述現象最佳的例子。

毫無疑問，香港作為一個資訊相當流通的全球化國際金融中心，必然擁有「液態現代性」的各種特徵，一個由官商主導，以經濟發展和打造國際品牌為核心價值的城市，連城市發展規劃和文化發展政策也要盡顯「液態現代性」的主要特徵——快速地清拆，然後快速地大興土木，誓要在短時間內棄舊迎新。固然每一個城市都需要發展，發展就必然帶來轉變。但為何獨沽一味，好像除了清拆之外就別無他法？為何城市發展必然要犧牲能凝聚城市人感情的集體回憶？又為何必然要求在舊區生活多年的人連根拔起，強迫他們離開一個充滿生機、充滿人情味的社羣？為何不能保留原居民已建立深厚感情的社區網絡？何況政府的城市發展規劃、舊區重建和文化保育政策又盡顯「固態現代性」的思維特徵，除了在執行政策的過程中，出現不少由「固態現代性」衍生出來的工具理性精神以及現代官僚體系處理事情的手法之外，同時反映了那種要將老化殘舊、環境惡劣、混雜無序這種社區文化的「雜草」徹底清除的心態，改以一式一樣的大型商場及超級市場，代替傳統多元的街市、士多、露天市集；以整齊有序的高速公路、連接商場與商場之間或商場與大型屋苑之間的行人天橋、有蓋空調走廊，代替雜亂的行人街道和小巷。務求重新建立一個井然有序、潔淨統一、處處一式一樣，卻少了一點人情味的同質世界（homogeneous world）。

香港作為一個快速流動的城市，如果官商主導的核心價值保持不變，居住在城市裏面的人，真的很容易成為都市的旁觀者、陌生人、觀光者和流浪漢，覺得自己無根，人際關係生疏冷漠，缺乏歸屬感。故此，我們不禁要反問：為何流動中不能有停留？變遷中不能有持久？急速中不能有緩慢？穩重中不能有輕盈？秩序中不能有混雜？統一中不能有多元？規劃中不能有意外？「固態現代性」和「液態現代性」為何不能辯證地統合？一個真正的動感之都，其實需要培育和擁有一種真正能尊重人性、有人情味、有創意、容納獨特性與多元性、既尊重個人又重視社羣的動感文化。

七 社羣神學——對現代性與冷漠無情的神學回應

隨著三一論在當代的復興，三一上帝內在生命的關係性和社羣性重新受到重視，當代不少神學家便以三一式社羣性的觀念去建構一套社羣神學（Theology of Sociality），用來回答有關人性觀、教會觀和其他社會文化的議題（包括由現代性引起的文化問題）。根頓（Colin E. Gunton）和哈迪（Daniel W. Hardy）這兩位神學家在他們合編的一本文集內，對「社羣性」（Sociality）這觀念作出以下的解釋：「我們之所是乃基於我們跟其他人如何在一種成員關係中存在而決定的。我們是社羣的存有，若欠缺了社羣性，就較難成為真正的人。」[33] 由現代性引起的冷漠無情的社會文化現象，歸根究底，其實離不開人性的問題，而真正人性又必須回歸社羣才能恢復。

1. 浪子的家

家庭是人世間最基本的社羣，聖經也記載了耶穌講述一個關於家庭的比喻（路十五11～32）。因為傳統稱這比喻為「浪子的比喻」，所以一般會將焦點放在小兒子身上，以為這個比喻只有一個主題信息——就是勸誡人要像浪子般回頭是岸。若然這樣，這比喻就應該停留在第24節，但耶穌繼續講下去，明顯這比喻還有另一個主角——大兒子。其實這兩個兒子的角色也可以用來象徵兩種現代性的人格類型。

大兒子隱喻「固態現代性」的人格特徵，他沒有移動、沒有漂流，由始至終留守在一處固定的地方。他服事父親多年，堅守自己的工作崗位，盡忠職守，從未違背過父親的命令，有很強的服從性（參路十五29上），頗為符合現代技術官僚體系對員工的要求。他表面似乎委身為父親工作，其實很計較回報，不是無條件的奉獻，信奉古典資本主義多勞多得的理性計算原則，並以此作為衡量標準來斷定父親所做的是不公平、不合理的行動。他又具有清晰界線的地域性意識，認為留守多年的地方必定是屬於自己的，他設定界線，不輕易給他人闖入，他寧願以不進入自己的領域來抗議父親的「無理」和弟弟的「越界」，而且他的行為表現似乎帶有操控性（參路十五28）。大兒子這種「固態現代性」的人格特徵，再加上他的自我中心、自以為是、妒忌別人比自己幸福、心胸狹窄的性格，使他顯得冷漠及不近人情：他旁觀弟弟之痛苦，寧願不回家，跟弟弟劃清界線，也要將自己變成情感抽離的旁觀者及道德審判者。盧雲（Henri J. M. Nouwen）的《浪子回頭》（*The Return of the Prodigal Son*）一書，就是以林布蘭（Rembrandt van Rijn）「浪子回頭」的畫（畫中的大兒子給人是一個抽離的旁觀者的感覺）來默想這段經文。

至於小兒子，他似乎同時帶有液態現代社會的觀光者和流浪漢的身影，可能由於被世界新奇的事物所吸引，於是他不理會父親的感受，要求分家產並且離家出走，為的是要成為觀光者，他的流浪旅程是帶有目的地移動，移動的目的是要不斷追尋新的經驗，他是一個典型的消費主義者，不斷追求和放縱慾望，直到耗盡所有的錢財才停止。他因此終於成為流浪漢，開始體驗被世界難以承受的冷漠所遺棄的經歷（參路十五15～16）。不過他始終是一個觀光者多過是流浪漢，因為他並非無家可歸，這個自私自利、冷漠無情的浪子最終仍可選擇踏上回家之路。

盧雲在《始於寧謐處》（*Out of Solitude*）指出，冷漠的對立是「關顧」（care），而他認為「關顧」的基本意義是：「與悲傷者同愁、與哀慟者同憂、與流淚者同泣。」[34] 如果現代性的文化使我們成為冷漠無情的人，福音就幫助我們藉著耶穌基督重新成為關顧他人的人。在上述耶穌所講家庭的比喻中，「關顧」是非常重要的主題信息，現代冷漠無情的社會，若要實踐人與人之間的彼此「關顧」，可以從社會最基本的單位（家庭）做起，惟有那位一直在家中與大兒子同在、一直在家中等候小兒子歸家的父親，才是真正委身於他者、付出無條件真愛、感同身受的關顧者，兩個兒子也惟有真正回家，回到慈父懷裏，實踐一家人彼此關顧的人際關係，才能成為真正的人。

2. 漂流的社羣

毫無疑問，鮑曼的思想深深植根於猶太民族的遷徙和苦難的經歷。在歷史上，猶太民族長期成為一個受苦及漂流的羣體。反猶太主義不是現代才有的社會現象，早於公元前十五世紀左右，已經出現了世界上第一次的反猶太人運動，猶太人遭受被埃及人壓迫和奴役的苦難。由於他們受苦的哀聲達於上帝，上帝便差遣摩西帶領他們出埃及、過紅海，在進入迦南應許地之前，經歷了長達四十年曠野漂流的生活，「流動」長期成為他們存在的方式，也長期地塑造他們的人格特徵。

然而，鮑曼筆下的液態社會的觀光者和流浪漢，卻不適合用來形容在曠野流動的猶太人。首先他們並非生活於「時空壓縮」的世界，時間的長度和空間的距離對他們的存在來説是絕對有意義的，他們日復日、月復月、年復年慢慢地在廣闊的荒漠空間內移動，他們流動的速度極端緩慢，完全欠缺液態社會在時間高速公路上任意奔馳的快感，四十年可能對大部分人來説是半生的光陰，更何況對摩西那一代的猶太人來説，幾乎下半生就花在漫長的流徙歲月中，原來「緩慢的流動」就是他們一生人最終的「成就」。將「緩慢的流動」看成為上帝給猶太人的懲罰也好，或看成為給猶太人的屬靈操練也好，反正「緩慢的流動」就是要向液態社會的來得快、去得快的感性消費文化和網絡衝浪文化説「不」。

猶太人不算是鮑曼筆下的觀光者，因為他們的移動不是甘心情願的，而是被迫和別無選擇的。他們的移動也並非由於被世界新奇的事物所吸引，在欠缺觀光景點及物質缺乏的荒野路上，他們的旅程是單調乏味的，固然也沒有天天新款的消費商品可供享用，而只有上帝天天供應定量和單調的嗎哪和鵪鶉，他們亦無法享受消費購物那一瞬間帶來的樂趣。正因如此，他們曾經起了走回頭路，寧願返回埃及享受肉鍋的念頭，也不想繼續無休止的流動。無疑他們的旅程是艱苦的、沉悶的，但這豈不正是上帝要給他們的屬靈操練麼？「我要將糧食從天降給你們。百姓可以出去，每天收每天的分，我好試驗他們遵不遵我的法度。」（出十六4）上帝並非要否定人的物質需要和慾望，但過度的縱慾只會令人愈來愈以自我為中心而忘掉他人的需要，甚至會破壞人與人之間的和睦關係，就好像猶太人對摩西的埋怨和爭鬧一樣。不過更重要的是，物質的需要和慾望絕不能大過上帝的説話，人跟自身慾望的關係更不應取代人跟上帝的關係。在液態社會充滿慾望的消費生活裏，我們實在需要退到曠野實踐簡樸的生活，學習放下自我、順服上帝、依賴他人。

猶太人也不算是鮑曼筆下十足的流浪客，因為他們的移動不是漫無目的，他們對下一步的去向並非漠不關心，他們也不算是無家可歸。因為迦南就是擺在他們前頭，上帝應許給猶太人的目的地和家園。骯髒的流浪漢迫於無奈要露宿街頭，四處為家，是井然有序的城市多餘的廢物，不會受人歡迎，甚至遭人遺棄，承受著難以忍受的冷漠。流動的猶太人不但沒有遭人遺棄，反而有上帝與他們同在和同行，上帝以不離不棄的愛去帶領他們，而且獲得上帝無微不至的關顧。生活在現代冰冷都市的陌生人，更需要學習和實踐上帝的愛，來融化流浪漢所遭受的難以忍受的冷漠。

猶太人似乎被注定是一個漂流的民族。這個社羣縱然經歷分散四處、各居異地的生活，但他們始終沒有被徹底殲滅，關鍵的原因在於猶太人經常被提醒，不要忘記昔日上帝如何帶領他們的祖先出埃及、曠野漂流和入迦南的歷史，不要忘記人的失敗，更不要忘記上帝的命令、承諾和恩典。在鼓勵「遺忘」的現代社會裏，「記憶」（無論是個人的或集體的）可能是重建個體和社羣的一股重要的救贖力量。

八 後記

相對於冷漠無情的成人社會，電影《莎樂的神奇網網》（*Charlotte's Web*）卻帶領我們進入孩童及動物的溫情世界。成年人信任現代工具理性和消費定律，自然認為小豬遭宰殺供人食用是理所當然的事，農場裏所有動物的存在意義也離不開以滿足人的需要和慾望為目的。小女孩卻不忍孱弱小豬被殺，設法營救，甚至動物之間也有情有義，小豬因對蜘蛛莎樂有救命之恩，莎樂便編織一個又一個的神蹟（織成讚美小豬優點的英文字的蜘蛛網）來拯救小豬。理性的成年人固然不輕易相信這類超自然神蹟的發生，母親更因擔心小女孩行為有異而找心理醫生，醫生卻說得好，蜘蛛天生懂得織網已是神蹟，小女孩「問題」行為的學名為「童年階段」。蜘蛛也聲稱自己所行的神蹟，也只不過是將自己眼中欣賞的小豬真實的一面描述出來而已。人世間的愛，原來在一個真實、簡樸的世界裏就能找到。

註 釋：

1. 研究鮑曼思想的專家貝爾哈茲（Peter Beilharz），形容鮑曼是當今用英語寫作的最偉大的社會學家；另一位研究鮑曼思想的專家史密斯（Dennis Smith），則將鮑曼形容為「後現代性的預言家」；即使像吉登斯（Anthony Giddens）這樣出色的學者，也把鮑曼描繪為出類拔萃的後現代理論家，可見他對當代社會學的影響力及貢獻有多大。參貝爾哈茲（Peter Beilharz）著，郇建立譯：〈解讀鮑曼的社會理論〉，載鮑曼（Zygmunt Bauman）著，郇建立譯：《被圍困的社會》（南京：江蘇人民出社，2005），頁263。另參史密斯（Dennis Smith）著，蕭韶譯：《後現代性的預言家：齊格蒙特·鮑曼傳》（南京：江蘇人民出版社，2002）。
2. 鮑曼（Zygmunt Bauman）著，歐陽景根譯：《流動的現代性》（上海：上海三聯書店，2002），頁88～89。

3. 鮑曼著，郇建立譯：《被圍困的社會》，頁242～243。
4. 「現代性」和「後現代性」的議題，是鮑曼研究的重點。其中最具代表性的著作，要算是他自稱的「現代性」三部曲和貝爾哈茲所稱的「後現代性」三部曲。前者分別為《立法者與闡釋者》（*Legislators and Interpreters*, 1987）、《現代性與大屠殺》（*Modernity and the Holocaust*, 1989）及《現代性與矛盾性》（*Modernity and Ambivalence*, 1991）。後者分別為《後現代倫理學》（*Postmodern Ethics*, 1993）、《生活在碎片之中》（*Life in Fragments*, 1995）及《後現代性及其缺憾》（*Postmodernity and Its Discontents*, 1997）。
5. 鮑曼（Zygmunt Bauman）著，楊渝東、史建華譯：《現代性與大屠殺》（南京：譯林出版社，2002），頁6。
6. 鮑曼著，楊渝東、史建華譯：《現代性與大屠殺》，頁1～3。
7. 參鮑曼著，楊渝東、史建華譯：《現代性與大屠殺》，頁10。
8. 鮑曼著，楊渝東、史建華譯：《現代性與大屠殺》，頁12。
9. 參鮑曼著，楊渝東、史建華譯：《現代性與大屠殺》，頁11。
10. 鮑曼著，楊渝東、史建華譯：《現代性與大屠殺》，頁18。
11. 鮑曼著，楊渝東、史建華譯：《現代性與大屠殺》，頁21。
12. 參鮑曼著，楊渝東、史建華譯：《現代性與大屠殺》，頁21～25。
13. 鮑曼著，楊渝東、史建華譯：《現代性與大屠殺》，頁24～25。
14. 參鮑曼著，楊渝東、史建華譯：《現代性與大屠殺》，頁19～21。
15. 鮑曼基本上從兩方面來解釋這種概念轉變的原因：一方面是由於不少人往往把他的「後現代性」等同為「後現代主義」，在這種語義學上的混亂底下，鮑曼認為再用「現代性與後現代性」這種分析架構及觀念，實在難以繼續明智地理解及討論當代全球化的發展趨勢和變化。另一方面，由於「後現代性」這概念暗示著「現代性」的終結，但鮑曼認為真實情況並非如此，對他而言，「現代性」和「後現代性」既是連續又是斷裂，當代社會是處於連續性與非連續性並存的進程之中，所以他認為用「液態現代性」來取代「後現代性」會較為適合。
16. 鮑曼著，歐陽景根譯：《流動的現代性》，頁181～184。
17. 鮑曼著，郇建立譯：《被圍困的社會》，頁21～22。
18. 鮑曼著，郇建立譯：《被圍困的社會》，頁165。
19. 鮑曼（Zygmunt Bauman）著，郭國良、徐建華譯：《全球化——人類的後果》（北京：商務印書館，2001），頁74。
20. 參鮑曼著，郇建立譯：《被圍困的社會》，頁168。
21. 鮑曼著，郇建立譯：《被圍困的社會》，頁142。
22. 參鮑曼著，歐陽景根譯：《流動的現代性》，頁95。
23. 鮑曼著，郇建立譯：《被圍困的社會》，頁161。
24. 鮑曼著，郇建立譯：《被圍困的社會》，頁147。
25. 鮑曼著，郭國良、徐建華譯：《全球化——人類的後果》，頁80。
26. 鮑曼著，歐陽景根譯：《流動的現代性》，頁194～195。

27. 鮑曼著，郇建立譯：《被圍困的社會》，頁158。
28. 鮑曼著，郭國良、徐建華譯：《全球化——人類的後果》，頁79。
29. 鮑曼著，郇建立譯：《被圍困的社會》，頁202。
30. 參鮑曼著，郇建立譯：《被圍困的社會》，頁149～151。
31. 蔣勳：《天地有大美》（桂林：廣西師範大學出版社，2006），頁70。
32. 參鮑曼（Zygmunt Bauman）著，郇建立、李靜韜譯：《後現代性及其缺憾》（上海：學林出版社，2002），第六章；另外在《生活在碎片之中》，鮑曼則探討了漫步者（stroller）、觀光者（tourist）、流浪者（vagabond）和比賽者（player）這四種身分，本文只集中討論觀光者和流浪者兩種身分。參鮑曼（Zygmunt Bauman）著，郁建興、周俊等譯：《生活在碎片之中——論後現代道德》（上海：學林出版社，2002），頁99～109；另參鮑曼著，郭國良、徐建華譯：《全球化——人類的後果》，第四章。
33. Colin E. Gunton and Daniel W. Hardy, ed., *On Being the Church: Essays on the Christian Community* (Edinburgh: T&T Clark, 1989), 4～5.
34. 盧雲（Henri J. M. Nouwen）著，洪麗婷譯：《始於寧謐處——默想基督徒生命》（香港：基道書樓有限公司，1991），頁39。

2

情繫中國：論中國「人情」的得與失

蘇遠泰

希望大家記著：「人情」是我國文化的最寶貴的遺產。（吳森）

「人情」對中國人來說是難以擺脫的約束力量……（《張老師月刊》）

水能載舟，亦能覆舟。（《貞觀政要》）

Don't throw out the baby with the bath water.（德國諺語）

一 引言

不少學者在比較中西文化的異質性時，發現西方文化是較重「理」而中國文化則較重「情」。[1] 梁漱溟先生曾說：「中國之以倫理組織社會，最初是有眼光的人看出人類真切美善的感情，發端在家庭，培養在家庭」，[2] 表示中國整個家族和倫理文化現象，植根於人的美善感情；而錢穆先生亦說：「東方之一型，於整塊中為團聚，為相協，故常務於『情』的融和，而專為中心之翕」，[3] 表達中國人重情而表現團結、相協的人生態度。

其實，在我們的日常用語中，常常表達我們以情為重，例如我們欣賞別人「有人情味」、「通情達理」，做事又「合情合理」，還常常聽到坊間說「法律亦不外乎人情」，又批評別人「不近人情」、「無情無義」。而中國的詩詞之所以具意境和吸引力，因內中往往包含豐富的情意，例如詩聖杜甫的〈茅屋為秋風所破歌〉：「安得廣廈千萬間，大庇天下寒士俱歡顏？風雨不動安如山。嗚呼！何時眼前突兀見此屋？吾廬獨破受凍死亦足！」此詩凸顯詩人對世間窮困人士之情，惟願他們有棲身之所，即使自己凍死亦感滿足。[4]

正如韋政通所說，世界各文化均出現有情的宇宙觀（尤其在文學上），只是中國自始一直保存並發揮宇宙有情的觀念，令中國的哲學與文學間的界線模糊，未能發展西方的理性科學。[5] 中國人過於重情的文化固然容易產生上述文化上的弊病，亦在人事上構成許多不必要的枷鎖，但事物總是有得有失，重情的文化同樣可以塑造出一個溫暖的世界。正如溫偉耀曾評議：「從好處說，中國人的羣體感強，人情味濃。從壞處說，由於人、我界線的模糊，人與人之間的交往缺乏了明確的客觀規矩。」[6] 孫隆基同樣有類似的評價：「例如，它可以導致古道熱腸、急人之難的傾向，而且從不放在心上，並不希企別人回報。然而，也可以造成利用『人情債』對別人的擺佈與利用。」[7] 韋政通亦說：「人情味重，好處是人與人之間可以少幾分暴戾之氣，壞處是損壞了社會公理和公德的觀念。」[8] 以上的評論正表示有情的文化有得有失，純然理性而缺乏情味的世界並非理想的世界，像一些外國人般，把別人對他們的幫助也懷有戒心，逃避別人的好意，為的是免卻將來的償還，這恐怕未必就是一個更理想的社會，亦未免過於小氣，而且，筆者害怕如此將會落入冷漠、個人主義的氛圍裏呢！

本文嘗試探討中國文化內的「人情」的得失，究竟甚麼是「情」？「情」與中國文化的關係，「情」為中國人建構了一個怎樣美好的文化素質，又產生了一個怎樣扭曲的世界。

二 「人情」是甚麼？

1.「情」的內涵

《荀子．正名》說：「性之好、惡、喜、怒、哀、樂，謂之情」，而《禮記．禮運》稱：「何謂人情？喜、怒、哀、懼、愛、惡、欲，七者非學而能」，兩者對情的理解大致相約，即人的感受，其中包括人的慾求，是與生俱來的，無需學習而得。金尚理分析先秦儒家對情的講論時指出，情大致可分為兩個層次，第一層次代表人的慾求和感受，是生存所需，為政者欲要好好治理國家，就需要滿足「人之大欲者，飲食男女」。而第二層次則指道德上的要求，以滿足人作為人的德性需要，例如孝子為父母守喪三年，「人情之實也」(《禮記．問喪》)。[9]

如此理解中國人的「情」是重要的，因它代表「情」在中國文化的發展裏有至少兩方面的意義，正如金耀基曾指出，「人情」可翻譯為英語的“human feeling”（人的感受）或“human obligation”（人的責任）[10]——「人情」原本是指一種人的天然感情觸動，後來又包含道德上的本然責任。湯一介更指出，先秦之後，漢儒開始把人的感情裏的情與慾分開，把「情感」與「情慾」對立起來，認為「情感」是人性的自然流露，對萬物有情但並不想佔有萬物；而「情慾」則源於人的私心，要把萬物佔有過來，導致朱熹提出「存天理，滅人慾」。[11] 雖然，有學者指出，中國文學（尤其在晚明之後）有不少是涉及情慾的主題和內容，[12] 但在傳統中國文化的道德框架下，情慾（尤其涉及色情）始終沒有被看為文化建構的資源，而人的情感和道德義務，才是中國文化重情的原因。[13] 總括來説，「人情」原是指人之常情，既包括情又包含慾，但中國文化把人慾從人情中抽出，而加上人的道德責任，便構成今天我們所討論的人情，可寫成為：人情＝情感＋責任－人慾。

湯一介又指出，情是人性的實現和表達，把人情緊扣於人性。人性本是內在和靜態的，像一平靜的湖水，當人接觸外物時，便有所感，因而心有所動產生出情，情便是人性的外顯和動態，像波是水的動態一般。或者説，中國人以為，情是人的本性感物而心動所流露出來的表達，是人性的真實發揮。[14] 原來，人情是人性的動態表達，一種既自然又真實的表達，故此，情又可以被理解為事物的本來面目或本真狀態，即我們一般所説的「實情」、「情況」。而中國文化又把此「真實」的表達同時視為「美好」，符合本真和天然的本性而發動的情，就是符合天命，如此的真情可以叫人通過人道來體證天道。[15] 真實的人情既有真、又具美的意思。故此，吳森以拆字的方法指出，既然「晴」是日之美者，「清」是水之美者，「菁」是草之美者，「精」是米之美者，「倩」是人之美者，「請」是言之美者，故此，「情」則是心之美者的意思。[16]

2.「情」的外延

這裏所説的外延意義，是指在中國文化裏所著重的那幾種情。

不少學者均發現，中國文化是以家族為本位的，「團體」的觀念在中國並不發展，而往往以「家」來執行「團體」的功能。例如，楊慶堃很早已提出中國人的日常宗教實踐，並不在類似「教會」的組織內進行，而是播散至整個文化的生活之中，特別在家庭／家族的祭祀內。[17] 林語堂指出，中國的家族制度教導小孩子第一個啟蒙的課程，就是人與人之間的社交義務，包括自重、禮貌、責任心等等。另外，儒家的「名分學說」，為家族制度提供社會哲學的基礎。「名」是指名稱或角色，「分」是指本分，人在家族中有其名稱和角色，隨之而來的是相對應的本分。[18] 故此，中國文化要求父要慈、子要孝、兄要友、弟要恭、夫要和、婦要順等等「應分」的表現，從而推出家族以外的人倫關係，包括君要明、臣要忠、朋友要相助，合稱「五倫」，而五倫就成了中國人情的基礎。

中國文化的情是先發源於人與人之間的情分、情誼，由近至遠，由親至疏。吳森更指出，這樣的「人情」不單對熟識的人，還會發展至陌生人，特別是貧困的一羣；不單對在生之人，也對死去的親友，特別表現在詩人對死去親人的懷念；不單對這代的人，還對以往的古人，特別是有節氣有道德風範者。[19] 其次，中國文化亦產生對大自然有情，即一種「有情的宇宙觀」。吳森進一步指出，西方對大自然的感情是一種“wonder”（神奇），從而產生的是「探究」和「好新」的文化取向，以征服大自然為目標。反觀，中國人對大自然是“concern”（關心），感謝天地對自己的恩澤，視大自然有生命，懷有謝恩的感情。[20] 此種對大自然之情，可說是對「人情」的延伸，擬大自然為人格、為大德，思念其對世人的恩德，從而產生對大自然的關心、顧念和珍惜。這亦説明了為何時人積極探討中國文化對解決近代迫切的生態危機所能作出的貢獻。[21]

最後要討論的一種情，是「鄉土之情」，這是中國人的特色。鄉土之情可被視為「人情」和「有情宇宙觀」的結合，因對古代中國務農的人來説，「土」代表生命，沒有土，便不能耕種，生命也無所依靠——這反映一種對大地的恩情。另外，務農的生活使中國人必須生活在一個相對穩定、沒有陌生人的環境中，只靠前人的經驗代代相傳就可以了，並不需要認識新的人和新的事物，使「鄉土」往往連繫於「家族」，想起故土，容易發思古人之幽情，或思念家鄉的親人，正如我們常説「每逢佳節倍思親」。[22] 這見於今天不少年長的人士欲返回故鄉安老的心態，亦見於我等不在中國大陸長大的「香港仔」，當踏足在中國的黃沙土地上時，悠然而生這片土地是我的根的感情。雖然我們並非是在中國長大的香港人，但總有一份對中國揮之不去的情懷，正表示鄉土情懷的文化素質一直伴隨著我們成長。而不同地方因其環境、地理的不同，所呈現的人情亦見異，故此我們一般會説體驗不同地區的「風土人情」。

3. 論「人情」

從上述的討論，可以發現中國人對「情」的理解，大部分仍是集中在「人情」上。今天，當我們説到「人情」時，一般可以有三個意思：一、指人的內心情感，又可稱為「人之常情」，好像喜、怒、哀、樂等都是人之常情；二、指某種人與人之間的情面、情誼，作為他日回報、彼此交換利益的籌碼，它可以說是情的德性要求的變異，亦為不少國人所垢病之處；三、指在別人的婚喪嫁娶的活動中所送的禮物或現金，以示祝賀、安慰對方。[23]

上述三者並非獨立自存，而往往出現交叉和重疊的現象。例如，因朋友結婚要「做人情」，送贈的金錢或禮物，既表達一份開心地恭賀對方的感受，正所謂「千里送鵝毛，物輕情意重」；亦同時作為一種情誼交換的舉動，尤其當你結婚時，對方也「做了人情」。如此，正反映人情所呈現的張力，它原表達對朋友喜慶的祝賀，由衷地表達的真實、自然的情感，卻又往往落進雙方利益互換，以至於「面子派對」的交易之中，使道德責任變成生活的枷鎖，尤其當你的經濟正出現問題之時，數百元的「人情」就變成一種頗重的壓力。

本來，正如前所述，人情是由內在人性因感物而心動所發出於外表的感情，是真實的表達；又或是人們在這種親近感、歸屬感之上形成的親疏、尊卑之類的道義責任、倫理義務。[24] 可是當中國文化在歷史的發展裏，「人情」往往被功利所佔用、遭變質，慢慢變成一種感情的儲蓄玩意，產生了「受人情的人」不能不有所回報的道德文化；亦成了人際間一種可以被利用的資源，以期在將來可以獲得更大的利益。[25] 因而，人情變成「世故」的孿生兄弟，[26] 一個有「人情」的人，就是一個「世故」的人，即一個很懂得在人際交往中，如何叫對方感到你「識做人」，處人處事很得當，做一些討人歡心的事情。

為了更深入地探討人情的得失，往下部分將分別討論「人情」在中國文化的發展和可貴之處，嘗試指出其極積性及消極性；又「人情」在中國社會裏的變異，如何令人情變得醜惡和被厭棄。

三 人情與中國文化

1. 人情與人倫

前述中國人是相當重人倫的，而「倫」是指一種關係，按傳統中國文化的理解，這種關係是有一定的次序和等級，「名分」可以說是一種按角色而擔任的特定責任和義務。而人倫的起始點是家庭成員的關係（父子、夫妻、兄弟），明顯此等關係是建基於雙方的「情」—— 一種天然本有的情感，父慈子孝是因為雙方都把對方視為自己的一部分，捨棄自身的某些利益而使對方獲益亦在所不惜，因對方的成就往往被視為自己的成就；夫妻、兄弟的關係亦然。這樣的感情擴展至「君臣有義」和「朋友有信」去，雖然是人造的關係，但亦效法了天然關係的情操—— 這是中國文化最理想的人際關係，一種有「情」的關係。正如馬育良說：「所以，從孔、孟始，人倫生活最基本的情感心理就被確定為現實禮法和儒學立論的前提，父子、君臣、兄弟、朋友、夫婦『五常』關係也成為了社會管理與天下秩序的基礎。」[27]

如此把親情擴展至友情，好的方面當然是使中國人對世人充滿感情，但同時叫中國人的羣體界線變得相對和不明確。費孝通就曾批評中國人缺乏「團體格局」，並沒有規定說明如何成為某某團體的成員；反而中國人以「己」為中心，像一圈圈的波紋般發展出由親至疏的關係網絡，伸縮能力極強，疏遠之人可以因某原因變成熟識的人，反之亦然—— 費孝通稱之為「差序格局」。[28]

如此便容易產生「自己人」和「外人」的分野。對有關係的人便有情，屬於自己人，需要「緊張」「迫切」地處理；對沒關係的人便可以無情，因只是外人，採取不要緊、無所謂的態度。正是「自己人——凡事好商量；外人—— 一切照章來」的待人處事態度。[29] 如此，便可能出現一種「臭豆腐心理」，即「聞著臭，吃著香」的奇怪心態，例如當某教會領袖批評不認識的人走後門尋找工作，卻同時致電相熟的名校校長，協助教友的子女報讀心儀的學校。

金耀基亦分析，中國人與別人刻意建立的人情關係（所謂的「拉關係」）是按「歸屬性特徵」（attribute）的多寡來決定的，以地域（籍貫）、親族、同事、同學、結拜兄弟、師生等等屬性來歸入某某關係網絡中。[30] 而拉關係就是由外人的身分變成自己人的身分，例如今天香港一些地區，是潮州人聚居的地方，只要你是潮州人，到此等地方便可以馬上拉關係，成為自己人，享受自己人網絡成員的優惠，而當地的潮州人按此而行是有「義氣」、「應分」的表現。楊威和陳紅評論得好：「……這就導致一個嚴重的後果—— 對內可以溫情脈脈、情真意切，將人情交往之道發揮得淋漓盡致；對外則冷若冰霜，全無『人情』可言。」[31]

筆者要在此強調，我們先愛自己認識的人（自己人），是沒有問題的，這正是人之常情，誰個會叫自己的孩子餓著肚子而把買食物的錢給予一個素未謀面的非洲小孩呢？但要緊的是，不要因愛自己的孩子而排斥「外人」就可以了。在經濟條件許可下，我們應令自己的孩子飽足，亦可在金錢上幫助慈善團體救活非洲的小孩子。能對「自己人」和「外人」均有情，即或有情的程度不同，才是最理想的。

2. 人情與「禮」

甚少人會懷疑「仁」在儒家思想與中國文化的核心地位，勞思光就認為「『仁』觀念是孔子學說之中心，亦是其思想主脈之終點」，[32] 馮友蘭亦說：「仁是所謂五常之首，是諸德中底最重要底一德。」[33] 中國文化是一個重德的文化，「踐仁」是聖人追求之道，而家是踐仁的最先地方，故此，中國文化十分強調孝道。《禮記·大昏解》說：「仁人事親如事天，事天如事親，此謂孝子成身」，表達孝敬父母是出於事天；而《論語·學而》說：「其為人也孝弟而好犯上者鮮矣，不好犯上而好作亂者，未之有也。君子務本，本立而道生。孝弟也者，甚為仁之本歟！」更直指孝是教化之本，萬德之源。梁漱溟以為中國人的倫理結構是源於「人在情感中，恆只見對方而忘了自己」的一種「因情而有義」的基礎。[34]「有情有義」是人倫中一個重要的元素，而人倫的關係（特別體現在孝道內）又是踐仁之本。

如何可以有效地表達這份情而不越界呢？又如何教育下一代認真地踐行這份情呢？回答第一個問題，金尚理探討歷代儒者對情與禮的關係，認為「人情發動之時必須有一個合理的限度，即止於至善，而規定此限度之所在者即是禮。」[35] 人情涉及人與人之間的交際情誼，如何待人接物，要能掌握個中的藝術和技巧（這正是「世故」的原初意義），從傳統的觀念來看，就要人與人的相處不能踰越「禮」—— 即一套社會習慣、風俗所公認的行為規矩，而中國社會又往往假設當事人理應知道有關的責任和行為準則。[36] 故此，當我們批評某人「不懂人情」時，大多時間是指他／她缺乏禮，例如早上在辦公室見人沒有說聲「早晨」，客人到訪卻沒有奉上一杯水等等。

第二個問題的答案同樣是禮，正如吳森所說：

> 孟子說：「仁，人心也。」其實仁就是一種合乎禮儀，發而中節的情感。這種情感與生俱來，但如何表達便有賴於後天的教育。「孝」是子女對父母應有之情。「悌」是對兄弟儕輩應有之情。「忠」是對長上君國應有之情。「禮」便是表達情感應有的方式。「義」是適宜的意思，也就是情感的表達恰到好處的規準。「君子」是理想的人格，也就是發乎情止乎禮，喜怒哀樂發而皆中節的人格。[37]

禮可說是一種教育的手段，使後人通過如何行禮，學懂真正的人情，在人與人的關係裏懂得當作的本分，而「發乎情、止乎禮」，亦吻合禮同時擔任對情感表達的限制。如是觀之，禮不單在中國文化中是重要的，還可說對任何人與人達到有情相處來說亦見其功效：既教人如何有情，又限制人過度用情而變得感情用事。

試舉一個中國文化的例子說明之。「孝」在中國文化裏是踐仁之本，而行孝同樣需要符合禮，而中國人對孝的踐行，往往落在對死去的親人的禮上。例如《論語·為政》：「生，事之以禮；死，葬之以禮，祭之以禮」，不論對生人死人，均需要以禮相待，而葬祭之禮是對死者的有情和尊重的表達。《荀子·禮論》更詳盡地解說：「禮，謹於治生死者也。生，人之始也；死，人之終也。終始俱善，人道畢矣。故君子敬始而慎終，終始如一，是君子之道，禮義之文也。夫厚其生而薄其死，是敬其有知而慢其無知也，是姦人之道而倍叛之心也⋯⋯使生死終始若一……是先王之道，忠臣孝子之極也。」在此，厚生而薄死，被荀子批評得體無完膚，正表達一種對死人尊敬之情，不因其不存在而輕視之，反而是「生死終始若一」。如此以禮待「死」人，既是一種對後人的教育，又體現人當盡的本分，人情味道可說十分濃郁。

從文化歷史的角度看，我們仍不十分確定禮是完全源自於情，反之，有情的文化亦可能得益於禮的推廣，正如有學者指出，因中國文化注重人倫關係，處處講禮、行禮，「導引出中國日常生活世界似乎處處都充盈著人情與人情交往」。[38] 情與禮在中國文化的歷史中確實平行地發展，禮不能離情，情亦不可無禮，情與禮之間在文化歷史上存在著詮釋循環（hermeneutical circle）的交流發展。

誠然，因情制禮，以禮踐情雖有高深的見地，又發人深省，但其短處亦十分易見。就是容易變成「律法主義」，踐行者知其然而不知其所以然，動作是行了出來，可是一點情感都沒有（有點像大多數香港人對別人叫「早晨」）；又在中國文化發展過程中，產生了不少「無情、反情、非情」的禮儀混淆其中，變成魯迅批評的「吃人禮教」。

《論語．陽貨》曾記載一段孔子與宰我談論守喪三年的話，十分值得回味：

> 宰我問：「三年之喪，期已久矣。君子三年不為禮，禮必壞。三年不為樂，樂必崩。舊穀既沒，新穀既升，鑽燧改火，期可已矣。」
>
> 子曰：「食夫稻，衣夫錦，於汝安乎？」曰：「安。」
>
> 「汝安，則為之！夫君子之居喪，食旨不甘，聞樂不樂，

> 居處不安，故不為也。今汝安，則為之！」
> 宰我出。子曰：「予之不仁也！子生三年，然後免於父母之懷。夫三年之喪，天下之通喪也，予也有三年之愛於其父母乎？」

對宰我來說，有充足的理由反對守喪三年：三年沒有禮樂的薰陶，必使自己對禮樂生疏，豈非更有害嗎？孔子問宰我是否可以在此時間食好穿好，心安沒有愧疚，既然宰我說心安而不因父母過身而食不知味、聽不知樂、居不知安，孔子就任由他不守喪禮。因情是不可以勉強的，既然宰我沒有回想父母曾把他抱於懷中撫養三年的恩情，他對父母的情不深，這便由他吧。宰我是不孝，因而亦是不仁，但仁是需要有情有義、真心行禮的；而禮亦應只是助人達到有人情味，而不是強人所難。

3. 人情的可貴

人如何可以對別人、天地、鄉土有情呢？吳森和韋政通不約而同地以為是基於「感通」，對別人、天地、鄉土有感通。[39] 感通可被理解為對對象有所感（即今天一般人所說的「有“feel”」），不單有感，還有「共通」、「通穿」的意思。馬育良分析中國文學與西方文學的風格的主要差別在於，中國文學走向一段「雅化」的道路，即走向人內在的心靈，走向人的性情和情感世界。因中國人以為人與人之間的情感心志是可以共通的，超越時空的限制，詩人能寄予詩詞以情，而此情又可以讓讀者感應的。而讀者之所以可以感應得到，並非因為有同一個「理」／邏輯貫通二人，而是因為人與人之間和人與天地之間，有同一人情／情感為基礎。[40]

要能達到彼此感通，這涉及中國文化裏的「天人合一」和

「圓融無礙」的思想。[41] 宋朝程明道在《識仁篇》說：「仁者以天地萬物為一體，莫非己也」，正是指出人與天地萬物本為一體，故此，人與人、人與物之間是沒有隔斷的，彼此連繫在一起，而情就是它們之間交往感通的載體。朱光潛以「移情作用」來說明中國的文人雅士，如何把自己的感受藉著文字、詩歌、水畫等等移到外物上去。例如從科學上看，一篇樂章其實只有高低、長短、急緩、宏纖之別，而沒有快樂或悲哀之分。我們之所以覺得樂章有感，是因為樂章的節奏不同，使聽者所費的心力和心中的活動亦有所不同，聽者的心靈活動與音樂節奏聯繫起來，平行活動，高緩的音律使心靈同樣高緩，低急的音律同樣叫心靈低急。[42] 職是之故，作曲者把情感移植到樂章裏，而樂章的播放又讓聽者重拾（類似）作曲者的情懷，使樂章有快樂或悲哀之分。中國人相信，人心與人心之間是一體可以感通的，人心與樂章之間同樣是無間和平行互動的。即我們現今一般所說的「同理心」，在此則可以稱為「同情心」。

例如，中國人說「月是故鄉明」，從科學的觀點看這是不符合事實的，[43] 亦屬邏輯矛盾；[44] 但維繫著它的不是理性與科學，而是人的共通感情，一種人皆有之的思鄉情懷，通過短短的文字，寄情於或圓或缺的月光之上，表達在離鄉後思念與家人的團圓。假如我們同樣身處異鄉，在夜深人靜之時想起家人，月光和詩詞正承載和舒發我們的情感，使我們掛念家人更深。能使我們對別人和世界有所感通，聯上關係，有分別而沒有分離，正是人情之可貴之處！以香港的「梁蘇記」雨傘的真人故事為例，梁蘇（梁智華）一家與「梁蘇記」的品牌，由廣州最終植根於香港，精製永久保用的洋傘，代表一種對顧客的承諾。此正好表達一種人人共感的情意，不是單純的商人與顧客關係，而是願意與你建立永久關係，關心你的雨傘，從而代表關心你的出入，願意永久負責。這種關係同時出現在梁氏家庭內的眾人，和主僕之間的終生信守關係之內，體現中國社會特有的人情味。[45]

四 人情的異化

人情雖然是可貴的，但在中國社會裏，人情又往往變成可怕的手段，叫人就範，叫人沒有自由，甚至違背意志，作出不公平的行徑。

1. 人情變成債務

孫隆基發現中西方對人際關係緊密程度的要求是截然不同的，中國文化總是要求人要「在一起」。例如，英文中與人保持距離是“keep one at an arm's distance”（拒人於一臂之遙），但中國人卻以為是「拒人於千里之外」，即假若你不把我當是你的「老友」，你便是把我推到千里的老遠成為陌路人。[46]

如此強烈要求人要「在一起」，金耀基以為是基於社會學的「交換」（exchange）觀念，正如中國人常說「來而不往，非禮也」、「禮尚往來」、「圓團來，塌餅去，人在人情在」，都表達一種交換的行為。[47] 別人送你一份心意，而你亦送人一份心意，本來是美麗的，充滿人情味；但假若人情通過「禮化」後成為一種強制：別人送你一份禮物或曾經幫助你，你豈可以對人無動於衷如此無禮呢？不但如此，因別人曾經對你的禮遇，即表示你與他已建立了某種聯繫，他的事亦變成你的事，你已變得對他的事不可袖手旁觀了。「報」

（reciprocity）的觀念緊緊跟隨而來，如此你便由充滿「人情味」的世界，墮進「人情債」的網羅中——即孫隆基所說的「一種身不由己的、反射性的、不經疑問的、外加的承擔義務。」[48] 從而，我亦願意被人利用，因我知道日後此人可以為我所利用，對別人的餽贈、拜訪、援助、通融、協助、赴宴等等便成了「人情八達通」的增值動作，好使日後可以在不同的人生閘口前順利通過。[49]

雖然中國社會為避免如此的「人情債」過度氾濫而制定了不同的設計，[50] 但只可達到程度上的制約，而不可消滅，因中國人以為，假若人情債被還清，雙方的人情達到平衡，就代表雙方的情誼斷絕。而人情債所帶出的交換行為，原屬於「社會性的交換」（social exchange），即社會上人際交往的禮尚往來，可說是一種情誼上的交流，例如在農曆新年期間，別人來我家拜年奉上「手信」，我就需要回贈一份禮物作「回禮」，以示交換。[51] 但人情債可怕的地方，就是往往被利用作「經濟性的交換」（economic exchange）：

> 在經濟性的交換中，則所交換者通常以錢為媒介，基於交換之價值，是較確切的、較特定的、可以計算的，或易清算的，亦可說是以市場原則為指導的。[52]

經濟性交換是「無人味的」（impersonal），不感情用事，處處講規矩：例如，在沒有折扣的商店，十元金錢就只可以換取同等價值（十元）的貨物；又例如，要參加香港高級程度會考（A-Level Exam.），考生必須在至少十八個月前在香港中學會考（HKCEE）考獲（一）六科達E級或以上；或（二）五科達E級或以上並總成績共八點,沒有任何討價還價的餘地。[53] 在經濟性交換中,絕無人情可言,法理才是運作原則。但正如不少分析中國文化的學者所言,人情債的入侵,成為了一種控制他人的手段,即或在經濟性的交換中,亦需要為「自己人」大開後門,還認為如此才有「人情味」,不至於「不近人情」。筆者的意見是,人情開導的禮雖然是穩定中國社會的重要元素,但禮的根源必須存在於人的內心情感過於被扭曲的社會義務,正如筆者贊同余治平所說:「迫不得已的義務、責任並不能等同於發自肺腑的情願與意慾。」[54] 強迫一個不願意的人因「人情債」而償還,不是出於情而是出於控制,才是最「不近人情」呢!

另一方面,假如你是自己人,卻在有需要時不向我尋求幫助,就是「見外」了—— 即把我視為外人了!筆者就曾經有以下的經驗:女兒欲與姑姑前往台灣旅遊,機票及酒店也預訂了,但在出發前十天前往申請入台證時,才發現女兒的護照有效期不足六個月,故此不能申請入台證。當我們往香港入境事務處查詢時,申請新護照需時十個工作天,這代表在現行的制度下,女兒無法在出發前完成辦理手續,最終要放棄前往台灣—— 這就是經濟性交換所講的規矩。但事後,我太太的一名同事知道了,埋怨太太沒有早點告訴她,因她的前夫是入境事務處的高官,可以有辦法在五天內發出新護照。但我心裏仍是感恩,雖然浪費了一筆金錢,女兒也不高興了數天,但無需要人「破格」,又不用欠下人情債。

2. 人情與利益

由於人情由「社會性的交換」應用在「經濟性的交換」領

域，往往把「人情」庸俗化，與利益聯上關係，最明顯的就是「走後門」。當人們在正常的渠道下達不到預期的目標，便想方設法地「拉關係」、「走後門」，期望可以在不可違反的法規裏鑽出「有商量」、「可考慮」的空子來。[55] 正如中國人常說：「朝中有人好辦事」，並認為這不算違規，卻發揮「人情」的積極作用，在「你的事即是我的事」的推動下，死的原則變得具有彈性；而要求者從此欠下被要求者一筆「人情債」，成為被要求者他日的資本。

例如，香港大多數父母總為子女的升學掛心，尤其在升讀小學或中學時，不時在電視螢光幕前看見父母如何在放榜前的緊張和預備。筆者在基督教圈子內只屬小腳色，又不甚認識甚麼大人物，可是，在這幾年的放榜期間，總有親朋戚友致電來問我是否認識某某基督教名校的校長，可否「幫個忙」推介、引見。筆者深覺「人情債」的壓力，幸虧筆者接近鮮為人知，與大校長毫不相識，才免於尷尬。（真的謝主隆恩！）但在推卻對方的時候，卻又感到自己未能幫助，像是欠了對方一份人情債似的。（感謝主，這感覺很快便消失。）

按二〇〇五年國內《英才》雜誌進行的調查發現，在受訪的七十位企業家中，有百分之六十二人看重人情的交往背後的利益誘因，其中有人願意花二十萬來報讀 MBA、EMBA 的課程，為要加入這樣的一個圈子。[56] 這個調查充分反映中國人把人情異化，使人情成為獲得利益的手段。

把人情與利益聯上關係，不單容易使人情異化，連人與人之間的關係亦會扭曲，變成「拉關係」，為要成為資本，好使將來獲利更豐。如此，要跟甚麼人拉關係便成了一門學問，可以搭上一個有廣泛「關係」的人，自然馬到功成，正如王幼玲所言：

> 要攀關係，也得找對人，權力太大，可能高攀不著，無人情可做，因為他們的需求絕非平常；和權低、社會關係又差的人拉關係，則其人情回報不可能擁有重大價值。要和某人攀關係、拉交情，除了考慮對方可能的回報外，還要考慮對方認識那些人物，這些人物對自己有多大影響。如果對方結交盡權貴，往來無白丁，一定要給人情，而且還要技巧地製造人情給對方，只要對方欠下了人情，在社會關係上便失去了平衡，也失去了人際來往的獨立性。[57]

如此的人情不單沒有半點情味，還假借「人情」之名，實質破壞人情之實，對方不是一個與你共感的人，而是一個可資利用的工具；如此，對人的情喪失了，反而「物化」／「工具化」我們身邊的人—— 這亦是「人情」異化的可怕之處。如此，人與人之間的情誼暫必變得非常脆弱，當別人因某些原因在態度上表現不是那麼有誠意，或未能幫上一把時，就變成是破壞雙方感情的罪魁禍首了。人與人的交往變得要鑑貌辨色，恐怕打碎脆弱的人情玻璃杯呢！[58]

3. 人情與法理

對不少批評人情的人來說，人情最大的傷害就是使法理不彰。在中國，人情的網羅較國家制定的王法更具約束力，當人情與法理出現緊張的關係時，常常捨王法而就人情。這種情況在法治健全的香港來說，仍然是一個問題，何況法治與人治仍在角力的大陸和台灣,情況更為嚴重。筆者曾有以下的經歷:多年前曾任所住的大廈的業主立按法團委員,內中有一名很有「分量」、人面又厚的委員,竟然在住宅大廈內經營補習社的商業行為,明顯違反大廈公契,屬於違法行為。當筆者提出來時,反而被其他委員和管理公司批評為「攪亂分子」、「別有用心」,破壞大廈的和諧和既定的事實。這情況就有點兒像傳統的中國,因家族的強調,使社會裏的公務亦變成家族的私務,以至在中國的社會裏,公私難分,亦無需社會制約的法律,一切均可以按「家法」和人情來處理、判斷。[59] 表面上,對法律「逆來順受」,但暗地裏「陽奉陰違」,採取消極的抵制態度,在不守法後可以「法律不外乎人情」之類的說話合理化之。其他委員和管理公司就是以「有情有義」為借口,反對法律在大廈內的彰顯,還以為如此才是真的合情合理。不禁叫筆者認同陳榮杰以下的話:「於是,交往雙方不那麼光彩的行為似乎有了一點合理性,以至最終發現自己竟那麼有情有義!」[60] 在糾纏了數年後,最終不了了之,而筆者亦辭去委員一職,又搬到別處去。

在傳統中國認為,法的建立並非源自於天／天理,而是「法從人心」。《慎子‧佚文》:「法,非從天下,非從地生,發於人間,合於人心而已」,《管子‧牧民》:「令從民心」,《商君子‧壹言》:「法不察民情而立子,則不成。」上述引文均表達人情是法理的基礎,法律的制定是為了滿足社會上人心對情的表達;但亦同時表示法合人情則興,法逆人情則竭的原理,使法律喪失獨立性,而必然「法順人情」—— 這解釋了為何中國人總愛說「法律不外乎人情」。

本來,在制定法律時考慮人情是十分理想的,它可以沖淡法律的僵硬和冷酷，使法律更合適於人的生活。[61] 可是問題是把人情（尤其是被異化了的人情）同時應用在法律的執行上，往往令執法者因人情的緣故放棄了維持社會公義的責任。正如沈慧芳從倫理學的角度分析，假如要「公正」得以在社會落實，必須有三個條件：一、有合理的制度；二、有效落實制度的執行者；三、大眾認可、信任和遵守制度。其中，制度的執行者（即公務員）是關鍵性的，因執行者扮演維護民眾的權利和監督民眾的義務的工作。但當執行者因人情而有所偏私時，後果會是在社會中產生貧者愈貧、富者愈富的後果。更嚴重的後果是民眾不再信任法律制度，因此放棄對法律制度的依賴，轉而去追求人情的捷徑，結果是人情愈來愈氾濫成災。[62]

在《論語．子路》有以下一則「子為父隱」的記載：

> 葉公語孔子曰：「吾黨有直躬者，其父攘羊，而子證之。」孔子曰：「吾黨之直者異於是：父為子隱，子為父隱。——直在其中矣。」

吳森認為「子為父隱」所表達的，是那位坦白的兒子太過不近人情，竟然指證至親的父親，如此不近人情之人，從儒家的角度看，不可能是一個正直的人。[63] 但亦有學者批評，孔子的思想正反映中國文化幾千年來情大於法的傳統，不單浪費司法機關大量人力物力，還導致懸案、呆案、死案的大量積壓。[64] 究竟一個愛父親的兒子，是應該因公義的緣故舉報犯案的父親，還是基於對父親的情而守口如瓶呢？這正反映情理之間的張力，實難一言而概之，亦因篇幅所限，已非本文可以處理的問題。

五 結語

藉著以上的討論，筆者以為中國的人情原屬美好的東西，是中國文化寶貴的產物，它孕育出一個具情感、能互通的人際關係，令人間多一分情意、多一分溫暖。基督徒領受了上主的愛，要努力學習愛神愛人，為世間帶來多一點溫暖和快樂。筆者相信，中國文化的人情味與基督教所強調的愛神愛人是可以彼此發明的，基督徒對世界的憐憫和關愛，雖然與中國的人情仍有分別，但卻可以互相豐富，亦叫中國基督徒可以發揚中國文化內的優點，結合福音的真理，把上主叫人有情有義、彼此看顧的旨意表明和踐行出來。誠然，人情在中國有得有失，它可以是一種無形的枷鎖，叫人難以擺脱。但水能載舟，亦能覆舟，如何可以在日常生活裏抽取人情的精華，拋棄其糟糠，在玩弄人情遊戲的世間誓作有情的基督徒，是中國基督徒所需要積極思考和面對的，我們實無需在倒掉洗澡水時把嬰孩也拋棄呢！

註 釋：

1. 可參吳森：〈情與中國文化〉，收入氏著：《比較哲學與文化（一）》（台北：東大圖書，1976），頁39～52。此文原載於中國文化學會編：《望道便驚天地寬——中國文化講座錄》（香港：南山書局，1975），頁87～95，可惜在印刷過程中明顯至少有兩漏印之處，分別是頁90和頁93的尾段。另參韋政通：《中國文化概論》（臺北：水牛圖書，1994），頁49～54。
2. 梁漱溟：《中國文化要義》（香港：三聯書店，1987），頁88。
3. 引自馬育良：〈情性本位：關於中國文化和中國儒學特質的理解〉，載《合肥學院學報》23卷2期（2006年5月），頁2。
4. 參吳森：〈情與中國文化〉，頁90。
5. 韋政通：《中國文化概論》，頁52～54。

6. 溫偉耀：《愛恨中國人》（香港：卓越書樓，1995），頁57。
7. 孫隆基：《中國文化的深層結構》（台北：唐山出版社，1991修訂版），頁147。
8. 韋政通：《中國文化概論》，頁58。
9. 金尚理：〈試論儒家的"禮因人情"說〉，載《甘肅社會科學》2004年6期，頁113。
10. 金耀基：《中國社會與文化》（香港：牛津出版社，1992），頁76。
11. 湯一介：〈"道始於情"的哲學詮釋〉，載《學術月刊》2001年7期，頁44。
12. 王崗：《浪漫情感與宗教精神 —— 晚明文學與文學思潮》（香港：天地圖書，1999），頁5～35。
13. 筆者在此並非否定情慾的重要性，男女間的感情有時真的叫人「直教生死相許」，亦可產生像梁山伯與祝英台般的偉大愛情故事；但因它只涉及男女間的關係，而在今天的社會裏又過分被強調（特別在流行歌曲裏），更因它涉及佔有的私心，故此，本文暫不以此情為討論的內容。
14. 湯一介：〈"道始於情"的哲學詮釋〉，頁42。
15. 湯一介：〈"道始於情"的哲學詮釋〉，頁40。戰國中期的一篇儒家典籍《性自命出》說：「道始於情，情生於性」。
16. 吳森：〈情與中國文化〉，頁40。
17. C. K. Yang, *Religion in Chinese Society: A Study of Contemporary Social Functions of Religion and Some of their Historical Factors* (Taipei: SMC Publishing Inc., 1991), esp. 28～57.
18. 林語堂：《吾國與吾民》（台北：遠景，1983三版），頁157～161。
19. 吳森：〈情與中國文化〉，頁42～46。
20. 吳森：〈情與中國文化〉，頁49～50。
21. 可參賴品超編：《基督宗教及儒家對話生命與倫理》（香港：香港中文大學崇基學院宗教與中西社會研究中心，2002）。
22. 韋政通：《中國文化概論》，頁45～49。
23. 楊威：〈中國日常生活世界的人情化特質及其現代轉換〉，載《求是學刊》總第136期（2000年5月），頁30。
24. 陳榮杰：〈論角色關係人情化——關於中國社會人際交往的一種描述和評判〉，《華東理工大學學報》2005年3期，頁23。
25. 王幼玲：〈人情繩索，面子功夫——中國人的權謀之道〉，載《張老師月刊》編輯部編：《中國人的面具性格》（台北：張老師出版社，1987），頁46。
26. 金耀基：《中國社會與文化》，頁18。
27. 馬育良：〈情性本位：關於中國文化和中國儒學特質的理解〉，頁5。
28. 參費孝通：〈中國社會結構的差序格局〉，載周陽山編：《中國文化的危機與展望——當代研究與趨向》（台北：時報文化，1981），頁343～356；費孝通：〈差序格局〉，載氏著：《鄉土中國》（香港：三聯書店，1991），頁25～40。
29. 顧瑜君：〈內外有別，豈可不分——「自己人」和「外人」的人際運作〉，載《中國人的面具性格》，頁28～39。
30. 金耀基：《中國社會與文化》，頁70～72。
31. 楊威、陳紅：〈論人情交往的異化及其消解〉，載《哈爾濱學院學報》23卷3期

（2002年3月），頁14。

32. 勞思光：《新編中國哲學史》（台北：三民書局，2000增訂初版11刷），頁118。
33. 馮友蘭：《新世訓——生活方法新論》（北京：新華書局，2007），頁15～16。
34. 梁漱溟：《中國文化要義》，頁88。
35. 金尚理：〈試論儒家的"禮因人情"說〉，頁114。
36. 王幼玲：〈人情繩索，面子功夫——中國人的權謀之道〉，頁51。
37. 吳森：〈情與中國文化〉，頁42（底線為筆者所加）。
38. 楊威：〈中國日常生活世界的人情化特質及其現代轉換〉，頁29。
39. 吳森：〈情與中國文化〉，頁50～51；韋政通：《中國文化概論》，頁50。
40. 馬育良：〈情性本位：關於中國文化和中國儒學特質的理解〉，頁2。
41. 天人合一之說，是表示天和人之間存在著一種相即不離的內在關係，天道涉及人道，人道亦涉及天道，可參湯一介：〈論"天人合一"〉，載《中國哲學史》2005年2期，頁5～10和78。另圓融無礙主要源於佛家，特別是華嚴宗的「一即一切，一切即一」的思想，主要強調物與物之間雖則有分別，但並非分離，而是彼此相即，甚至可以說成甲事物與乙事物的構成元素完全相同，因此甲事物就是乙事物般接近神祕主義的立場。可參拙文：〈我即花：試疏解基督宗教神學人對佛教事事無礙思維模式的疑惑〉，載《輔仁宗教研究》4（2001冬），頁87～115。
42. 朱光潛：〈"子非魚，安知魚之樂"—— 宇宙的人情化〉，載《同學》2006年10期，頁42～43。
43. 直至今天為止，仍未有科學實驗證明，筆者的故鄉順德的月亮較美國紐約的為明亮。
44. 設P1：假如某甲是順德人，他說順德的月最明亮。P2：某乙是紐約人，他說紐約的月最明亮。上述兩段話（P1, P2）不可能同時為真。
45. 參 http://www.singtao.com/index_archive.asp?d_str=20070409&htmlpage=main&news=0409mo08.html； http://www.leungsokee.com/history.txt。此故事已被改編為舞台劇公演，又拍攝成電影上演，均命名為「人間有情」。
46. 孫隆基：《中國文化的深層結構》，頁161。
47. 金耀基：《中國社會與文化》，頁20～24。
48. 孫隆基：《中國文化的深層結構》，頁146。
49. 「八達通」（Octopus）是流行於香港的一種電子貨幣，用者只需預先以金錢為「八達通卡」增值，便可以在絕大部分香港的交通工具內作付款之用，亦可用於大型超級市場和品牌公司。
50. 例如金耀基就指出了兩種非常重要的設計：一、父母官不由當地人擔任，逃避親屬鄰居關係影響訴訟；二、作買賣的要離開家門，往遠處的墟場去。參金耀基：《中國社會與文化》，頁31～33。
51. 有關送禮和回禮的討論，參林升棟：〈禮物、關係和信任〉，載《廣西民族研究》2006年4期，頁80～87，特別是頁81～82。
52. 金耀基：《中國社會與文化》，頁27。

53. 參 http://eant01.hkeaa.edu.hk/hkea/topper_hkale.asp?p_coverdown=hkale_2.html（2007.07.23），A至E級按序作五至一點計算。
54. 余治平：〈性情形而上學：儒學哲學的特有門徑〉，載《哲學研究》2003年8期，頁77。
55. 陳榮杰：〈論角色關係人情化——關於中國社會人際交往的一種描述和評判〉，頁24。
56. 朱雪塵：〈中國式的人情交易〉，載《英才》2005年3期，頁70。
57. 王幼玲：〈人情繩索，面子功夫——中國人的權謀之道〉，頁47。
58. 劉衛京：〈人情是只玻璃杯〉，載《思維與智慧》2006年10月，頁60。
59. 韋政通：《中國文化概論》，頁54～58。
60. 陳榮杰：〈論角色關係人情化——關於中國社會人際交往的一種描述和評判〉，頁26。
61. 高秦偉：〈中國傳統法律中的人情觀——兼論法的親和力〉，載《湖南社會科學》2001年6月，頁125。
62. 沈慧芳：〈論社會公正的人情障礙〉，載《福建師範大學學報》2005年6期，頁41～43。
63. 吳森：〈情與中國文化〉，頁43。
64. 田步雙：〈"人情開道"的觀念文化與難以遏制的腐敗現象〉，載《理論研究》2005年5月，頁37。

聖經篇

3

從五經的律例看上帝對弱勢羣體的憐憫

張祥志

一 引言

1. 無情地

當筆者執筆寫本文時，剛看到「香港社會服務聯會」（社聯）對香港貧窮家庭的調查報告。這報告是以香港政府二〇〇六年的人口普查作為基礎。所謂「貧窮家庭」是指住戶入息低於中位數的一半或以上的家庭。舉例說，按二〇〇六年統計，一個三人家庭每月的入息中位數是港幣一萬七千五百元，而其一半則是港幣八千七百五十元，當一個家庭的入息少於八千七百五十元便被視為「貧窮家庭」。而按社聯的統計，全香港屬於「貧窮家庭」的有五十萬個，而在這五十萬「貧窮家庭」之內的人口則有一百三十三萬人。換句話說，全香港每四戶家庭有一戶是屬於「貧窮家庭」，每五個人有一人是屬於活在貧窮線以下。同時間，樂施會亦推出了「在職貧窮」的調查報告，二〇〇六年的在職人士少於入息中位數一半（港幣五千元）的有百分之十三，即七點六個在職人士有一個是在貧窮線以下。而由一九九六年至二〇〇六年期間，在職貧窮人士增加了百分之八十七；而每月入息少於港幣三千元的則增加了百分之一百〇三。

這些調查數字並不表示香港是一個貧窮的城市；相反，香港是一個非常富裕的地方，流動資產超過一百萬的，在二〇〇六年有二十七萬六千人，平均二十人中有一位是百萬富翁，而當中以一百數十萬元買些白松露菌來吃一頓的大有人在。「貧富懸殊」才是香港的真正實況，二〇〇六年全球貧富懸殊最嚴重的一個地區就是香港，其堅尼系數（量度貧富懸殊的指標）達歷史新高，為零點五三三。

面對那麼多的貧窮人，作為上帝的子民，我們可以視若無睹，充耳不聞、袖手旁觀、無動於衷嗎？

2. 有情天

以色列子民在埃及被法老勞役作苦工，他們的哀聲達到耶和華面前，耶和華並沒有冷漠不顧他們，祂記念祂與以色列祖宗所立的約，於是差派摩西拯救他們脱離埃及的勞役，得到生命的釋放。而上帝在西乃山頒佈誡命、律例、典章，是要子民建立一個「行公義、好憐憫」的社會，讓每個子民在這社會中都得到幸福及安息。耶和華是一位有情的上帝，祂不容許大地中有欺壓、剝奪、不公、冷漠等情況出現，因這些都只會為子民帶來痛苦。

究竟耶和華對弱勢羣體的具體心意是甚麼？本文希望透過五經律例中的社會層面部分去思考上帝對弱勢羣體的憐憫。

三 五經律例簡介

五經——創世記、出埃及記、利未記、民數記及申命記是聖經中最初五卷書，猶太人稱之為《妥拉》(Torah)。傳統中，律法是摩西帶領以色列人出埃及之後，耶和華在西乃山才正式頒佈；但早在摩西以前的創世記中已經有一些律法出現，如安息日在創造的第七天出現（創二2～3）、挪亞可以吃不帶血的肉（創九3～6）、亞伯拉罕的子孫要守割禮（創十七9～14）等。而由摩西所頒佈的律法則分佈在出埃及記、利未記、民數記及申命記的不同部分：十誡（出二十1～17；申五6～21）、聖約法典／約書（出二十22～二十三33）、建造會幕（出二十五～三十一章）、獻祭條例（利一～七章）、食物條例（利十一章）、潔淨條例（利十二～十五章）、神聖法典（利十七～二十六章）、營地潔淨條例（民五章）、拿細耳人（民六1～21）、點燈之例（民八1～4）、潔淨利未人（民八5～19）、逾越節條例（民九1～14）、獻祭條例（民十五1～31）、違反安息日條例（民十五32～36）、衣服做繸子條例（民十五37～41）、祭司與利未人條例（民十八章）、除污穢的水（民十九章）、申命法典（申十二～二十六章）等。由出埃及記到申命記，約有百分之六十四是摩西的律法或指引，若從創世記數起，則五經中有百分之四十七是屬於律法部分。[1]

五經的例律可以有不同的分類，最簡單的分類是絕對法（apodictic law）及決疑法（casuistic law）。絕對法是確定而不得更改的，在結構上是第二人稱命令詞：「你當」、「你不可」等。違背這種法規的，大多處以極刑，非常嚴格，沒有討論的餘地。決疑法則是依照案情審斷，在結構上是第三人稱，假定語氣：「若有人」、「他若」等，在不同的案情中，有不同的處置方法。這種法規並非不嚴格，有時是死刑，有時是徒刑，或罰賠償。[2] 另一種分類是律法的結集（collection of laws），如十誡（出二十1～17；申五6～21）、約書（The Book of Covenant，出二十22～二十三19）、申命法典（Deuteronomic Code，申十二～二十六章）、十二咒詛（Twelve Curses，申二十七14～26）、神聖法典（Holiness Code，利十七～二十六章）、祭司法典（Priestly Code，利一～十六章）等。另外還有禮儀律法（Ritual law）及倫理律法（Ethical law）的分類。禮儀律法是指人對神的關係，如禁止敬拜偶像、不同禮儀及獻祭的吩咐等；倫理律法則是人對人的關係，如民事的律法等。[3]

上帝向子民頒佈律法的目的是甚麼？當以色列人在埃及被法老勞役作苦工，他們的哀聲達到上帝面前，耶和華聽見他們的哀聲，就記念祂與亞伯拉罕、以撒、雅各所立的約（出二24），於是呼召摩西去拯救以色列人脫離埃及人的手，領他們出那地，然後到美好寬闊流奶與蜜之地（出三8）。上帝透過十災來拯救以色列人，而使用十災的目的是要使上帝的名傳遍天下，並讓全地認識耶和華（出七17，八10、22，九14～16、29，十2，十四4）。過了紅海到西乃山，耶和華與子民立約，目的是要提醒子民曾蒙上帝的拯救，並叫子民忠於他們的上帝。與此同時，上帝以誡命律例作為與子民立約的內涵，目的是要子民透過遵守律法，去建立一個合上帝心意的秩序社會，並透過律法去讓全地認識上帝的心意。律例涵蓋的範疇十分廣闊，其中包括：保護家庭（性禁忌、姦淫、強姦）、個人受傷（牛撞死人、流產、毆打、賠償）、殺人、偷竊、禮儀、社會福利（欠債與奴隸處理、贖回及釋放）等。[4]

三 對待困苦窮乏人的律例

1. 不可欺壓弱勢羣體

不可虧負寄居的，也不可欺壓他，因為你們在埃及地也作過寄居的。不可苦待寡婦和孤兒；若是苦待他們一點，他們向我一哀求，我總要聽他們的哀聲，並要發烈怒，用刀殺你們，使你們的妻子為寡婦，兒女為孤兒。（出二十二21～24）

不可欺壓你的鄰舍，也不可搶奪他的物。（利十九13）

你不可向寄居的和孤兒屈枉正直，也不可拿寡婦的衣裳作當頭。要記念你在埃及作過奴僕，耶和華——你的神從那裏將你救贖，所以我吩咐你這樣行。（申二十四17～18）

「寄居的」是指離開家鄉到外地居住的人。他們要離開家鄉、寄居國外、面對歧視、語言障礙、文化適應、社會無地位、身分不被認同等。成為寄居的原因包括了經濟匱乏、政治逼害、戰爭後遺、宗教改動等因素。「寡婦」不僅指丈夫已過世，更是指一個沒有男性家人支持及保護的婦女。她沒有丈夫、兒子、兄弟，甚至連公公等男家的親屬也沒有，她自己沒有獨立謀生的能力，又缺乏夫家男性親人的支持，照顧她的利益，她在經濟方面會陷入困境。「孤兒」不僅是沒有父親，更指父母雙亡，無依無靠的全孤。[5] 五經律例中對待這些弱勢羣體的最基本態度是「不可欺壓」，因為背上「寄居」、「寡婦」、「孤兒」這些身分本身已是一種不幸，一種痛苦，不可欺壓他們的意思就是不可在他們已有的痛苦上再加上痛苦，落井下石。

2. 不可拖延發薪給窮乏的雇工

雇工人的工價，不可在你那裏過夜，留到早晨。（利十九13下）

困苦窮乏的雇工，無論是你的弟兄或是在你城裏寄居的，你不可欺負他。要當日給他工價，不可等到日落——因為他窮苦，把心放在工價上——恐怕他因你求告耶和華，罪便歸你了。（申二十四14～15）

「雇工」的意思通常指做某件工作或在某段時間工作的工人，而不是指長期在家庭工作的雇工。[6] 雇主不可將薪金留待日落或早晨才發給雇工，因為「他窮苦，把心放在工價上」。雇工不像雇主般有足夠的資金，一段時間沒有工資都沒有問題，他們每天就是靠那些微薄的工錢來過活，所以雇主應敏感於雇工即時需要金錢的事實。筆者由於母親患上了老年癡呆症，需要聘請一位印籍傭工來協助照料母親。這印籍女傭年二十二歲，年青善良，但因家境貧困，剛結婚一年便要離開丈夫，遠別家鄉，到一個語言不通，文化不順的地方，住在一個完全陌生的家庭，照顧一個不易應付的老人家。更可憐的是，按香港外籍雇傭的規則，她最初七個月的薪金都要交給雇傭公司，作為介紹費之用，換句話說，她要空做七個月，然後到第八個月才正式有收入。面對這些可憐的「寄居」雇工，筆者那敢不按聖經律例的教導準時發薪給她？因為她真的會「把心放在工價上」。

3. 收成要留些給窮人

在你們的地收割莊稼，不可割盡田角，也不可拾取所遺

落的。不可摘盡葡萄園的果子，也不可拾取葡萄園所掉的果子；要留給窮人和寄居的。我是耶和華——你們的神。（利十九9～10）

你在田間收割莊稼，若忘下一捆，不可回去再取，要留給寄居的與孤兒寡婦。這樣，耶和華——你神必在你手裏所辦的一切事上賜福與你。你打橄欖樹，枝上剩下的，不可再打；要留給寄居的與孤兒寡婦。你摘葡萄園的葡萄，所剩下的，不可再摘；要留給寄居的與孤兒寡婦。你也要記念你在埃及地作過奴僕，所以我吩咐你這樣行。（申二十四19～22）

「不可割盡田角」，一般來說，田角剩下的莊稼並沒有範圍及數量的限制，但米示拿（*Mishnah*）的傳統將剩下的莊稼最小定為六分之一（*Peah* 1:1～2）。[7] 另外，按古代以色列的習慣，人用一隻手斬穀物的莖部，然後用另一隻手去接收穀粒，當另一隻手不能把穀粒全部接住，剩下掉到地上的便稱為「落穗」（לֶקֶט *léqeṭ*），[8] 五經律例吩咐不可拾取這些落穗，要將這些落穗留給窮人和寄居的。[9] 同樣道理，葡萄園及橄欖樹所剩下的都不可取盡，要留給寄居的與孤兒寡婦。這律例可給現代社會兩點反省：（一）賺錢不可賺得太盡，要讓貧窮的人有生存的空間；（二）享受收成時要留些給窮人，不可只顧自己的享受而漠視窮人的需要。

4. 地的安息年

六年你要耕種田地，收藏土產，只是第七年要叫地歇

> 息，不耕不種，使你民中的窮人有吃的；他們所剩下的，野獸可以吃。你的葡萄園和橄欖園也要照樣辦理。六日你要做工，第七日要安息，使牛、驢可以歇息，並使你婢女的兒子和寄居的都可以舒暢。（出二十三10～12）
> 六年要耕種田地，也要修理葡萄園，收藏地的出產。第七年，地要守聖安息，就是向耶和華守的安息，不可耕種田地，也不可修理葡萄園。遺落自長的莊稼不可收割；沒有修理的葡萄樹也不可摘取葡萄。這年，地要守聖安息。地在安息年所出的，要給你和你的僕人、婢女、雇工人，並寄居的外人當食物。這年的土產也要給你的牲畜和你地上的走獸當食物。（利二十五3～7）

這裏吩咐六年要耕種田地、修理葡萄園及收藏地的出產，但第七年地便要向耶和華守安息，不可耕種、修理、收割及摘取。「修理」是讓葡萄生長的必須條件，一般來說，每年都有兩次修理，一次在冬天或雨季，是把前一年沒有生產葡萄的幼枝剪掉；另一次則是六月或七月，把新開的果實剪下來。[10] 雖然第七年不耕種，但田地或葡萄園仍會有自然出產，這年的出產則不可收割，目的是要將這年的收成留給低下階層的人及牲畜走獸，讓一切生物都可以有吃的。地的安息年的意義，是叫人把累積財富的慾望截斷，讓人從無止境的賺取活動中停下來，反省自身的處境及狀況；並體會身邊還有很多人仍在一個極度貧困的處境中掙扎求存，顧念他們的缺乏，給他們過一些安舒的日子，予他們一個生存的空間。「安息」（שַׁבָּת *šāḇaṯ*）的義意並不在乎休息，而在乎讓世界達到一個圓滿舒暢的狀態，而讓弱勢羣體有一個舒暢的機會，這正是「安息」的其中一個重點。[11]

5. 豁免年

每逢七年末一年，你要施行豁免。豁免的定例乃是這樣：凡債主要把所借給鄰舍的豁免了；不可向鄰舍和弟兄追討，因為耶和華的豁免年已經宣告了。若借給外邦人，你可以向他追討；但借給你弟兄，無論是甚麼，你要鬆手豁免了。你若留意聽從耶和華——你神的話，謹守遵行我今日所吩咐你這一切的命令，就必在你們中間沒有窮人了（在耶和華——你神所賜為業的地上，耶和華必大大賜福與你。）因為耶和華——你的神，必照祂所應許你的賜福與你。你必借給許多國民，卻不至向他們借貸；你必管轄許多國民，他們卻不能管轄你。（申十五1～6）

按照猶太的傳統，施行豁免是在第七年最後一天太陽下山時開始的。[12] 當時的人活在一個農業的社會，向別人借貸可以有不同的原因，如田地收成差、殘廢、患病、丈夫突然過世等都可以直接導致生活貧困。上帝吩咐在第七年的結束，債主要將所有借給鄰舍的債項豁免。首先，這條例適用範圍只限於以色列中的鄰舍及弟兄，外邦人卻不在此限，有學者認為由於外邦人在一個國家出現，通常都是以貿易、貨品、或金錢交易的生意方式存在，而不是因貧窮而借貸。[13] 其次，豁免是將以前因貧窮而來的債項一筆勾銷，這律例充分表現了人道精神，也可解決社會貧富懸殊的問題。實施豁免可讓欠債者有機會翻身，不至於永久淪落為窮人。[14] 以色列人若遵守豁免的律法，耶和華便大大賜福給他們，於是在他們中間便不會有窮人，這也是申命記中的一個理想；相反，他們若不遵行這律法，就一直會有窮人在他們中間（11節）。

6. 不可不幫補窮人

> 在耶和華——你神所賜你的地上，無論哪一座城裏，你弟兄中若有一個窮人，你不可忍著心、揝著手不幫補你窮乏的弟兄。總要向他鬆開手，照他所缺乏的借給他，補他的不足。你要謹慎，不可心裏起惡念，說：「第七年的豁免年快到了」，你便惡眼看你窮乏的弟兄，甚麼都不給他，以致他因你求告耶和華，罪便歸於你了。你總要給他，給他的時候心裏不可愁煩；因耶和華——你的神必在你這一切所行的，並你手裏所辦的事上，賜福與你。原來那地上的窮人永不斷絕；所以我吩咐你說：「總要向你地上困苦窮乏的弟兄鬆開手。」（申十五7～11）

不管在甚麼時代，或怎樣的社會制度，總會有窮人存在，這反映了社會福利和經濟結構的問題。耶和華給予有錢的人一個責任：不可不幫補窮人。「忍著心」是指故意壓制憐憫的心；「揝著手」表示緊握著手不放鬆，上帝吩咐不可這樣做；相反，總要向窮人鬆開手，目的是要補他們的不足。甚至，這幫補是超越公平及合理的，因為當第七年的豁免年愈快到的時候，欠債者要還給債主的便愈少，而債主所能得回的也愈少，在第一年借錢給窮人與在第七年借錢給他，債主所能得回的可以相差六年。縱然如此，就算第七年快到，耶和華都吩咐不可惡眼看窮人，不借錢給他，總要甘心樂意向他鬆開手。意思是：不可用合理的藉口來逃避對別人的幫助。對耶和華來說，幫助窮人，補其不足是子民責無旁貸的本分。

7. 借錢不可收利息

> 我民中有貧窮人與你同住，你若借錢給他，不可如放債的向他取利。（出二十二25）
>
> 你的弟兄在你那裏若漸漸貧窮，手中缺乏，你就要幫補他，使他與你同住，像外人和寄居的一樣。不可向他取利，也不可向他多要；只要敬畏你的神，使你的弟兄與你同住。你借錢給他，不可向他取利；借糧給他，也不可向他多要。我是耶和華——你們的神，曾領你們從埃及地出來，為要把迦南地賜給你們，要作你們的神。（利二十五35～38）
>
> 你借給你弟兄的，或是錢財或是糧食，無論甚麼可生利的物，都不可取利。借給外邦人可以取利，只是借給你弟兄不可取利。這樣，耶和華——你神必在你所去得為業的地上和你手裏所辦的一切事上賜福與你。（申二十三19～20）

這律例的原則是借錢或糧食給弟兄時不可向他收取利息，不可向他多要，其大前題是幫助貧窮人的慈善借貸，而不是指生意交易的商業借貸，故此這裏說借給外邦人可以取利息，因為外邦人一般都是來作商業交易的生意人，借錢只不過是為投資與獲取利益。在古代近東，借銀子的利息可高達百分之二十至二十五，而借穀的利息則可高達百分之三十三點五至五十。[15]

這裏說不可收取利息，其目的是為幫助貧窮人，而不是在人的貧窮上增加其重擔，也不是在人的貧窮上伺機增加自己的利益，用經濟手段使貧窮人永無翻身之日，使他們永無止境地欠債。借錢不是為謀利，而是為幫補，不是藉解決別人困境之名，而讓人陷入更大的困境。

8. 不可剝奪欠債者的生活保障及尊嚴

> 你即或拿鄰舍的衣服作當頭，必在日落以先歸還他；因他只有這一件當蓋頭，是他蓋身的衣服，若是沒有，他拿甚麼睡覺呢？他哀求我，我就應允，因為我是有恩惠的。（出二十二26～27）
>
> 你借給鄰舍，不拘是甚麼，不可進他家拿他的當頭。要站在外面，等那向你借貸的人把當頭拿出來交給你。他若是窮人，你不可留他的當頭過夜。日落的時候，總要把當頭還他，使他用那件衣服蓋著睡覺，他就為你祝福；這在耶和華——你神面前就是你的義了。（申二十四10～13）

對貧窮人來說，衣服不單是穿在身上的裝飾，也是晚上睡覺時用來遮蓋保暖的被子，也是他們惟一擁有的資產。當要進行借貸的事宜，由於有禁收利息的規定，所以便容許以一些物件作抵押品以作還款的保障。現在若窮人以他的衣服作抵押品，債主必須在日落以先歸還他，因為這是他惟一生存的保障，是他生命的必需品，若連這惟一的保障都拿走，他的生存便成為問題。另外，當借錢或其他物件給鄰舍，不可進他的家拿他的抵押品，因進入欠債者的家拿抵押品，在他的家庭及社羣眼中是一件羞辱的事情；[16] 或是欠債者及其全家會被債主作為主人般闖入而受到羞辱，甚至會因此而引起打鬥衝突。[17] 這些律例的意義很清楚：就算人因窮困欠了債，甚至過期未還，債主仍要維護欠債者的尊嚴，也要保障欠債者的生存權利。對人道的關注，比自己合理的經濟效益更加重要，人不能因債項而將別人最後的尊嚴都剝奪，也不能因合法而將欠債者趕盡殺絕。

四 對待弱勢羣體的律例

1. 不可雪上加霜

> 不可咒罵聾子，也不可將絆腳石放在瞎子面前，只要敬畏你的神。我是耶和華。（利十九14）

不可咒罵聾子，作為聾子本身已經是一種不幸，作為聾子被人咒詛是不幸中之不幸。聾子被人咒詛了也不知道被人陷害，更是不幸中之不幸之不幸，因為他連去阻止這咒詛傳開的意識也沒有，任由這咒阻發展廣傳。不可將絆腳石放在瞎子面前，作為瞎子本身已是一種不幸，因不能看見而被絆腳石絆倒是不幸中之不幸，因不能看見而被絆倒而不知是被人陷害更是不幸中之不幸。這律例的意義是：不可在人已經軟弱的狀況下再加上陷害，雪上加霜，火上添油。人有一種不幸已經足夠，不單不要在不幸上加上不幸，相反，要敬畏你的神，要儘量減少別人的不幸。

2. 尊重被擄的女子

> 你出去與仇敵爭戰的時候，耶和華——你的神將他們交在你手中，你就擄了他們去。若在被擄的人中見有美貌的女子，戀慕她，要娶她為妻，就可以領她到你家裏去；她便要剃頭髮，修指甲，脫去被擄時所穿的衣服，住在你家裏哀哭父母一個整月，然後可以與她同房。你作她的丈夫，她作你的妻子。後來你若不喜悅她，就要由她隨意出去，決不可為錢賣她，也不可當婢女待她，因為你玷污了她。（申二十一10～14）

在古代世界，女子在戰爭中被擄成為奴隸是經常發生。[18] 若有人想娶被擄的女子，一些律例必須遵守。首先，要讓她剃頭髮、修指甲、脫去被擄時所穿的衣服。這些動作有不同的解釋：（一）女子為她的家人哀悼的動作；（二）女子讓自己變得不吸引，以致因她美貌而想娶她的男子改變主意；（三）女子想改變她的身分，透過放棄外表一些可去除的象徵部分，她脫下她以前的生活，或以前的自我。[19] 其次，讓她住在你家裏哀哭父母一整個月。哀哭父母可能是因為他們在戰爭中死去，或是女子以後都不能再見到父母，而一個整月是猶太人哀哭的一般正常時期。經過這兩個階段後，男子才可以娶她，與她同房。意思是：就算是被擄回來的女子，都需要尊重其感受，不可因自己的優越地位或性慾而不理對方的感受。

此外，由於與女子已經發生關係，所以就算娶了她後不再喜歡她，不可將她降格為婢女，仍然要以妻子的地位待她，要由她隨意出去。對被擄的女子來說，整件事情她都是受害者，她失去家庭、被擄到異地、失去自由、被逼嫁一個自己不知是否喜歡的男人、不自主地過一個新的生活等。按五經律例的精神，不幸的人已經在痛苦當中，所以不應再在其痛苦上加添痛苦；相反，要將其痛苦減輕，對貧窮人如是，對軟弱的女子也如是。

3. 不要隨便休妻

> 人若娶妻以後，見她有甚麼不合理的事，不喜悅她，就可以寫休書交在她手中，打發她離開夫家。婦人離開夫家以後，可以去嫁別人。後夫若恨惡她，寫休書交她手中，打發她離開夫家，或是娶她為妻的後夫死了，打發她去的前夫不可在婦人玷污之後再娶她為妻，因為這是耶和華所憎惡的；不可使耶和華——你神所賜為業之地被玷污了。（申二十四1～4）

根據古代近東的文獻，典型的離婚理由包括懷疑性的不在家、浪費丈夫的財產、羞辱他、否認婚姻的權利及犯姦淫等。[20] 這條例表面上是為離婚開出了合法的通道，但當仔細一看，這條例要強調的不是離婚的合法性，而是離婚之後的後果，就是若離婚之後，女子得了休書，便可以自由去嫁別人。只要她再嫁別人，無論後夫因甚麼原因以致婚姻不能再繼續，打發妻子走的前夫都不可再娶她為妻，因為這是耶和華所憎惡的。休書的存在是為了保障女子，因為在古代社會妻子只是丈夫的財產之一，她沒有權利主動提出離婚，但丈夫卻可因不同理由而休她，這休書就是使她可以脫離以往的身分，以致可以再次有自由嫁人的權利。這休書的含義在於：一旦離婚，本來屬於你的財產會不再屬於你，就算想再次擁有也不能，故此不要輕易提出離婚。

4. 善待奴僕

你若買希伯來人作奴僕，他必服侍你六年；第七年他可以自由，白白地出去。他若孤身來就可以孤身去；他若有妻，他的妻就可以同他出去。他主人若給他妻子，妻子給他生了兒子或女兒，妻子和兒女要歸主人，他要獨自出去。倘或奴僕明說：「我愛我的主人和我的妻子兒女，不願意自由出去。」他的主人就要帶他到審判官那裏，又要帶他到門前，靠著門框，用錐子穿他的耳朵，他就永遠服侍主人。人若賣女兒作婢女，婢女不可像男僕那樣出去。主人選定她歸自己，若不喜歡她，就要許她贖身；主人既然用詭詐待她，就沒有權柄賣給外邦人。主人若選定她給自己的兒子，就當待她如同女兒。若另娶一個，那女子的吃食、衣服，並好合的事，仍不可減少。若不向她行這三樣，她就可以不用錢贖，白白地出去。（出二十一2～11）

你弟兄中，若有一個希伯來男人，或希伯來女人被賣給你，服侍你六年，到第七年就要任他自由出去。你任他自由的時候，不可使他空手而去，要從你羊羣、禾場、酒醡之中多多地給他；耶和華——你的神怎樣賜福與你，你也要照樣給他。要記念你在埃及地作過奴僕，耶和華——你的神將你救贖。因此，我今日吩咐你這件事。他若對你說：「我不願意離開你」，是因他愛你

> 和你的家，且因在你那裏很好，你就要拿錐子將他的耳朵在門上刺透，他便永為你的奴僕了。你待婢女也要這樣。你任他自由的時候，不可以為難事，因他服侍你六年，較比雇工的工價多加一倍了。耶和華—— 你的神，就必在你所做的一切事上賜福與你。（申十五12～18）

古代的奴隸至少可以分為兩種：（一）契約奴隸—— 因借錢而賣身為奴隸；（二）永久奴隸—— 永久賣身的奴隸，這種奴隸只限於外邦人。[21] 貧窮是成為奴隸的主要原因，一個人缺乏金錢過活，於是把自己賣給某家庭以賺取食物、衣服、住宿等。有時是一些被捉拿的竊賊因無法償還物主所失的，會被法庭賣給一些家庭以賺取金錢去作賠償。這律例限制了契約奴隸的年限至六年，第七年要讓奴隸自由離開。而離開的時候不可使他空手而去，要給予他一些物資，目的是要防止他一無所有地開始新生活，以致又向別人借錢，或把自己再買給別人，重回奴隸的生活。[22] 若奴隸因不同原因不想離開，主人便要為他施行一個穿耳的禮儀，他便永久為主人的奴隸。穿耳禮儀有不同的解釋：（一）象徵僕人要用耳聆聽主人的吩咐；（二）穿耳並帶上耳環是一個奴隸的身分表徵；（三）穿在門上表示永久屬於這家庭。[23]

至於婢女，申命記的條例是與男性奴隸同等對待，第七年可以自由離開；而出埃及記則說不可離開，除非主人因某些原因不喜歡她，才可以讓她贖身。一般學者都認為，申命記的律例取代了出埃及記的律例，但兩段的不同可能是因兩者情況不同。出埃及記可能是父親貧窮的緣故，將女兒賣給別人作妻子，這種婚姻式的售賣婢女不能以六年為限。申命記則是一般因貧窮而將自己賣給別人作婢女，這兩種售賣婢女方式在古代近東都存在。[24]

無論如何，這條例的精神都是為經濟債項設立界線，不可無止境地剝奪別人幸福的權利。同時在不公平的父權社會中，女子仍應有人權的基本保障。聖經中未必是要改變社會制度，但卻在現有制度中作出最有人性的選擇。

5. 要收留逃走的奴隸

> 若有奴僕脫了主人的手，逃到你那裏，你不可將他交付他的主人。他必在你那裏與你同住，在你的城邑中，要由他選擇一個所喜悅的地方居住；你不可欺負他。（申二十三15～16）

古代近東社會必須把逃走的奴隸遣送歸給主人，但律法著重人道精神，所以作為以色列人不要將逃走的奴僕交還他主人那裏，反而要負責收留和保護逃走的奴隸，讓他在城中暫住。雖然經文沒有說明奴僕逃走的原因，但「逃」一詞暗示奴僕逃走是因為受到主人的欺壓。[25] 保護受欺壓的僕人是這律例的重點。

五 結語：神對有能者的說話

從以上的律例看神對弱勢羣體的憐憫，我們可以歸納以下數點：

1. 施行憐憫的大前題

> 因為你們在埃及地也作過寄居的……要記念你在埃及作過奴僕。耶和華——你的神從那裏將你救贖。(申十19下，二十四18)

耶和華吩咐以色列子民對弱勢羣體施行憐憫的起始點，在於他們本身也作過寄居及奴僕，其邏輯是：他們原初在埃及是作奴隸，今天有能力幫助弱勢羣體，全是因為耶和華拯救他們的結果，沒有耶和華的拯救，他們到今天也可能仍是奴隸。因為耶和華使他們從受勞役變為幸福快樂，使他們不再一樣，所以他們也要效法耶和華讓弱勢羣體變得幸福快樂。換一個角度，他們作為奴隸的這個源頭，將他們後來的差異削平了，就是雖然後來子民有強弱富貧之分，但無論是哪一類人，其起始點都是奴隸，因為這個起始點，他們不應再分強弱高低，而是將彼此的差距減少。

2. 面對軟弱者應有的觀念

耶和華吩咐子民不可欺壓弱勢羣體，因為身為弱勢羣體本身已經很痛苦，若欺壓他們便是在他們既有的痛苦之上再加上痛苦，這是耶和華所不容許的；相反，子民不單不可欺壓弱者，更要幫助他們脫離他們的痛苦，讓他們得到幸福。再者，申命記十五章7至11節說「不可不幫補窮人」，這告訴我們，原來幫助或不幫助窮人並不是一個中性的自由選擇，而是「不可不」幫補，這是一個斬釘截鐵的命令。聖經中至少有兩種罪，一種是做了不應該做的事情(sin of commission)；另一種則是沒有做應該做的事情（sin of omission），正如以西結書十六章49節所說，先知指控所多瑪的罪孽是這樣，她和她的眾女都心驕氣傲，糧食飽足，大享安逸，並沒有扶助困苦和窮乏人的手。故此，不幫補窮人是一種罪，而不是一個個人喜好的選擇。

此外，耶和華吩咐要在豁免年無條件豁免貧窮人的所有債項，[26] 若論公平，這並不是一個公平的做法，公平的做法應是欠債者將所欠的全數歸還給債主。但五經的律例告訴子民，幫助弱者不是以公平來衡量，因愛超越了公道及合理。

3. 上帝偏護弱勢羣體

五經律例強調欠債者也有其生存的權利並作為人的尊嚴，債主不可因其合理的債務而剝奪欠債者的尊嚴。弱者的生命是有其價值，雖是弱者，但這並不等如他沒有人的價值，上帝十分看重他作為人的價值。甚至可以說，上帝是偏護弱勢羣體的，因為經文經常提及：「他們向我一哀求，我總要聽他們的哀聲」，正如以色列子民在埃及時他們的哀聲達到耶和華面前，耶和華也聽見他們的哀聲，於是差遣摩西去拯救他們脱離法老的勞役一樣，耶和華總偏執地聽軟弱者的哀求，祂總站在軟弱者的一方，這可以說是祂「漂亮的固執」。

願每一位上帝的子民都能認識並實踐上帝的憐憫，也願上帝的國降臨，又願上帝的旨意行在地上，讓這無情之地因上帝的憐憫變為有情之地，讓活在這地的人滿有幸福及安息。

註釋：

1. William L. Holladay, *Long Ago God Spoke: How Christians May Hear the*

Old Testament Today (Minneapolis: Fortress Press, 1995), 40～41.

2. 唐佑之：《律法與恩典》（香港：浸信會出版社，1997），頁46。
3. Holladay, *Long Ago God Spoke*, 42～44.
4. 詳情可參 Samuel Greengus, "Law," in *ABD*, 4: 242～251。
5. 賴建國：《出埃及記：卷下》，天道聖經註釋（香港：天道，2005），頁156～159。
6. Baruch A. Levine, *Leviticus*, JPSTC (Philadelphia, New York, Jerusalem: JPS, 1989), 128; Jeffrey H. Tigay, *Deuteronomy*, JPSTC (Philadelphia, Jerusalem: JPS, 1996), 226～227.
7. Jacob Neusner, *The Mishnah: A New Translation* (New Haven, London: Yale University Press, 1988), 14～15.
8. Levine, *Leviticus*, 127.
9. 參路得記二章3及7節。
10. Levine, *Leviticus*, 171.
11. 關於安息日的聖經意義，可參拙文：〈從舊約「創造神學」看安息日的意義〉，載趙崇明、邵樟平編：《當工作遇上安息》（香港：香港神學院／基道出版社，2007），頁49～62。
12. Duane L. Christensen, *Deuteronomy 1:1～21:9*, WBC 6A (Dallas, Texas: Word Books, 2001), 312.
13. Tigay, *Deuteronomy*, 146.
14. 劉少平：《申命記：卷下》，天道聖經註釋（香港：天道，2003），頁93。
15. Tigay, *Deuteronomy*, 217.
16. Mark E. Biddle, *Deuteronomy*, SHBC (Macon, Georgia: Smyth & Helwys, 2003), 360～361.
17. Tigay, *Deuteronomy*, 225.
18. 參士師記五章30節。
19. Tigay, *Deuteronomy*, 194.
20. Tigay, *Deuteronomy*, 221.
21. 參利未記二十五章39至55節。
22. Tigay, *Deuteronomy*, 148～149.
23. Tigay, *Deuteronomy*, 150.
24. Tigay, *Deuteronomy*, 148～149.
25. 劉少平：《申命記：卷下》，頁266。
26. 申命記十五章1至6節。

4 情繫社羣

張慧玲

一 神在舊約為選民設計的社羣

社羣的英文字"Community"的本意，是指一個憂戚相通、同情共感的互助團體。人類的本質源於創造主是有情的，祂的旨意是要人在社羣中健康成長，彼此以弟兄相待，彼此相顧。五經中神頒佈的律法是一部生活指南，目的是引導被救贖的以色列民，不再作奴隸，成為自主互助團體，向世人展示神的榮耀，見證祂是一位有情的神。因此神在律法中規定：「如果你看見你兄弟的牛或羊走迷了，你不可不理，總要把牠們牽回你的兄弟那裏。」（申二十二1，本文部分經文採用《新譯本》）若分析摩西重述的律例：從申命記十二至二十六章，可以看出整全的人生藍圖。當中涉及社會與文化的具體行為；包括家居、個人心性、關係、創作、社會、會眾集會。神關心人整全健康的人生；所列出的指引是要他們活出重要的價值，包括聖潔、公義、受託感、關愛、忠誠和健康衞生。

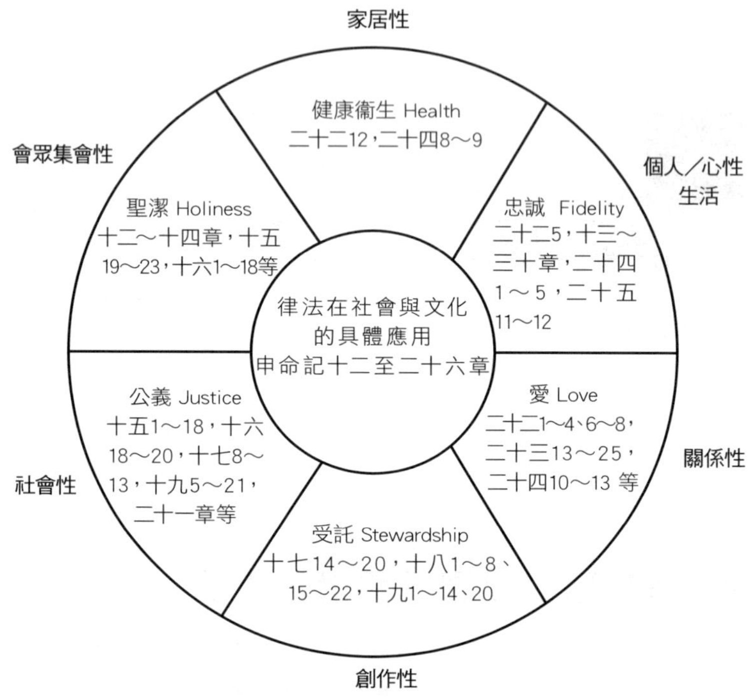

圖一：舊約申命記的律法是關於整全的人生（申命記十二至二十六章）

二 社羣在路得記的體現

舊約聖經的內容大部分記載與神立約的人民成功與失敗的故事，其中一個活潑的體現是路得記的社羣。這卷書沒有長篇教訓，沒有深奧的哲理，甚至少有提及神的名字，卻是記載幾個小人物生活在小社羣，家庭與社羣互相依存的故事。這也是我們普通人共有的生活境況——家人、鄰舍、親戚和求生。以下探討律法在路得記三方面的體現，分別是家庭的忠誠，社會的保障制度和關懷文化。

1. 家庭內互助與忠誠

在路得記中記載伯利恆三位小人物之間豐富的人情，包括家人的孝順、親情、友情和愛情。舊約傳統在每年五旬節（收割節）時讀路得記，世代相傳地塑造屬神羣體的素質，鞏固家庭觀念。

家是人在危難時最先及最後的支持者。故事一開始有饑荒危機，一家之主為家人而移民，為父和為夫的以利米勒首先付上照顧的責任。男丁全部死去，媳婦路得忠於家姑，自己雖然成為寡婦，仍願相伴相扶，離開自己本族和父家，跟隨她回故鄉，移居伯利恆，忠誠投靠上主。這反映神設立家庭的精意，家庭是人類最核心的羣體，是人終身的歸宿，家人委身相待，扶幼敬老，讓人可以在愛中受養育和健康地成長。

路得和拿俄米努力建設家庭，路得以她年青的強壯體魄，拾麥穗養家；婆婆拿俄米以老人家的智慧，對伯利恆神選民的律法熟悉，為路得尋得丈夫出謀獻策，為她找歸宿。這兩位雖是弱者，卻更見證了神對家的心意，培養家人的親情，並建設一個堅固的支持網，從出生年老，到死亡也不離不棄。

2. 社會保障制度

人除了歸屬家的小團體，還擴展到宗族社羣。神命定作為近親的有義務照顧患難和匱乏的親人，將支持網擴大至家族。根據申命記二十五章5至6節的律法及創世記三十八章8至9節指明親兄弟要娶死去的兄弟的妻，為死人立後。根據利未記二十五章25至54節和二十七章13至33節，近親有責任保存親屬的產業，規定要為親屬贖回土地、牲口、房屋、地業等。

這樣看來，神為選民設立了社會保障制度，規範財產的分配，包括保障財產的制度、贖業近親的權責制度、城門口判決的執行制度。舊約律法的情是落實到實際生活保障的層面。田地是農民的生活資源及養生的工具，保障田地擁有權，就是保障一家人的生計，和自主的身分。以男人為田主的社會，為保障寡婦的生活，神設立了以上的親屬接養和贖回田地的責任，實在是最妥當的保障，讓每一個人都有尊嚴地生活，有所依靠，也有歸宿。

正因有此法律，波阿斯才可以以男人的身分及家族地位，運用其權力，藉著合法的制度和程序，保障兩位寡婦的生活，承擔照顧族人的責任。這段故事帶出一個信息：當人保存另一人的生命，正是分享著神救贖的作為，代表神施拯救。信仰的實踐是在社會的制度內體現，而透過社會保障制度，發揮社羣的情，同時亦彰顯上帝對選民的恩情。

3. 關懷文化

社會保障制度是硬件，是死的，仍需要人的良知去實行和運用。人的良知與素質的建立，是更深層的軟件，需要社羣文化的土壤，不斷栽培。神明白人的自私和善忘，特意讓選民在埃及地經驗四百多年的奴隸生涯，深刻體會貧窮、受壓迫和無尊嚴的痛苦，準備他們成為獨立自主的國民。神在頒佈律法時，給予的勸告是記念他們自己曾經為奴，以此基礎出發，吩咐他們為窮人留一條生路。所有的安息日、守節、安息年、禧年和奉獻條例中都要為貧窮人做點事，都在為社會注入扶貧的價值觀，塑造關懷文化。這些要求包括：收割留有餘穗讓窮人親自拾取而不是施捨，安息日免奴隸工作；安息年免債，和釋放奴隸，並不種不收，留給窮人收；禧年免債和釋放奴隸等等。神在日常敬拜的禮節中注入這些行為模式，為的是訓練選民養成關懷和憐憫的品格。這樣的做法在古代近東奴隸制度文化下，是一種革命性的改變。

猶太人傳統在五旬節（即收割節），誦讀路得記以作記念，代代相傳地教育他們以分享作為收割的慶祝，以記念窮人作為對待收成的取向。路得記也有塑造關懷和有情的文化的功效。

若沒有這種文化，路得所進入的會是一個冷漠的城市，無立足之地，只有一條飢餓至死的絕路。神的城有獨特之處，能培養出一批有情的人；這羣人不是呆板地守憐憫的律法，而是因著關懷行出律法的精義。如波阿斯，對弱勢社羣有責任感，待工人友善，對寡婦和新移民路得多加欣賞。因此，路得作為新移民，無依無靠，卻可以靠雙手拾取田地上的麥穗養活婆婆，有尊嚴地過活。

三位主角自發地做出過於律法要求，也超越人之常情的義務；路得放棄她本有回娘家再婚的權利，以她一無所有的身分，照顧婆婆，過於追求她自身的利益。婆婆不自私地將路得困在自己身旁，拾麥穗養自己，乃為路得的遠景和歸宿設想，用她對猶太文化和律法的認識，老人的智慧，出謀明示波阿斯盡親族義務。波阿斯是近親但不是路得丈夫的親兄弟，仍願意為親屬盡上超越律法的義務，受全城稱讚，體現了神律法的精義，流露了親屬的情。波阿斯盡上不該是他首先要負的責任，贖回田產。[1] 他也沒有義務娶路得，因她的亡夫不是波阿斯的兄弟，[2] 他卻做超越了律法的要求，[3] 為族人照顧寡婦，為親族留後留產業。關懷的心和文化有其創造力，令社羣滋長，生生不息，恩情洋溢。

總結路得記內的活命故事，由無依無靠到重得歸屬，由面對死亡威脅到重獲生機，由饑荒到豐收，其轉機在於家庭內的互助、社會的保障制度和關懷文化。這些因素是原於獨一上主的律法，是神為人所定肉身的具體拯救。這信息對現今社會，是重要的啟示。它不單為人類提供價值和原則，而且顯明有情的社羣的必需性、可行性和重要性。

三 建設香港的有情社羣

反觀香港，這大都市的冷漠文化是經過潛移默化的過程。上世紀四十至六十年代為逃避戰禍和政治動亂而湧進香港這小漁港的難民，在擠迫的木屋，或板間房掙扎求存；水電不足，學位不足，卻能互相照應，互相扶持。友鄰互助看顧孩子，窮得有志氣，拚搏中有歡樂。當時自發的志願團體和教會成立孤兒院，送米送糧，樂善好施，贈醫施藥。發展至今，香港大部分人卻是遠親不能近，近鄰變陌生，公司如森林，同事成勁敵，捐錢計較效益。冷漠文化不斷在都市化過程中滋長；房屋政策和城市設計，無助友鄰的交往和互助；人口遷徙令市民失去友鄰，多次移民海外潮也拆散了家庭；不法之事增多，人心漸漸冷淡；社會急速變化，經濟主導下的競爭文化，人心靈空間逐漸減少，人與人有聯系卻沒關係；家庭制度受著無情的衝擊，家庭單元薄弱；離婚上升，單親家庭增加，家庭的支援網受損。以上種種因素都在滋養冷漠文化。

我們實在需要正視香港社羣的危機，慎防冷漠蔓延。漠不關心是神看為惡的，以西結書十六章49節這樣說：「你妹妹所多瑪的罪孽是這樣：她和她的女兒們都驕傲自大，糧食豐足，生活安逸，卻沒有幫助困苦和貧窮的人。」這番話也是對我們説的。當香港人的社羣之情漸失，支援漸弱，是社會的慢性自殺。因為冷漠蔓延，會導致更多人精神心理受損，抑鬱患者缺乏支援，使這些人恢復健康能力減少。這樣，社會會變得更不安，惡性循環。社羣失去互助的屏障，罪惡更易滋長，犯罪分子更肆無忌憚。

神要求我們有所作為，對友鄰要有所承擔，我們看見香港的人情漸失，總要把它牽回來。怎樣建設健康有情的社羣？路得記對香港社會適切合時地啟示了三個元素：鞏固家庭的支援力量，建設保障貧窮困乏人的制度，塑造和重建關懷文化。香港有危也有機，這三方面也有政府、志願團體和教會正視和積極面對。

1. 鞏固家庭恩情

過往香港的家庭傳統深受中國文化影響，隨著不同文化相遇，經濟結構轉變，家受到無情的衝擊。據警方提供的資料，二〇〇六年家庭暴力個案達四千七百多宗，比二〇〇五年增長近百分之八十。二〇〇七年一至八月比二〇〇六年一至八月家庭暴力案件由二千五百九十四宗增至四千九百六十七宗，增長百分之九十一。[4]

鞏固家庭其中一項重要因素，是居住環境。政府在七十年代起提供的公共房屋確實給予低下階層生存和活動空間。九十年代面對公屋富戶問題，當政府為了經濟效益，定出子女結婚後除名等政策，後果卻間接破壞了家庭互助的結連，引至現今大量老人在公屋孤苦獨居。政府面對這後遺症，於二〇〇七年五月修改政策，[5] 讓一名成年子女可以加入戶籍與年老父母同住。政府重新檢討及重視建設家庭和諧和共融，這是好的方向。讓家人能居於同一區方便照顧的理念正在推行中，希望能改善家庭關係，鞏固家庭網。

我們無法返回六十年代的社羣生態，卻可以珍惜現有的資源和條件，重建家庭。例如區議會，互助委員會，業主立案法團，大廈管理公司可以為堅固家庭出一分力。政府推動的家庭事務委員會，社福界和教會社會服務機構推動的綜合家庭服務等，努力支援家庭，維繫上主賜給人類最基本的人情，家人之間不離不棄的關愛和承擔。

社會要將家庭的價值意識傳遞，傳媒有責任弘揚家人互愛的意識，而不是不斷散播不負責任的生活方式，渲染抗拒傳統家庭的意識，也不應只為商人謀利服務。

教會是另類延伸家庭，如發展基督少年軍、團契等，讓人在其中經驗手足之情，互助互愛。福音機構如工業福音團契、城市睦福團契、新福事工協會等進入和關懷弱勢家庭。協助新來港的移民家庭、南亞裔新移民家庭等，為他們打開一條路，投入陌生的香港社羣。

2. 建設保障制度

神也為選民定出制度給困苦人開出路。政府的政策制定是最有力和起關鍵作用的；八十年代起香港的繁榮，有賴一九七〇年起英國改變治港政策，委任麥理浩港督，推行十年建屋計劃，九年免費教育，建設大型運輸系統，興建地鐵等。這正是我們親身體會的，政府政策的推行足以影響十年、二十年的社會模式。同樣，有情的社羣也需要制度保障。我們需要解構神話，以為政府政策應以經濟為主導，香港理工大學應用社會科學系副教授陳錦華博士和香港城市大學應用社會科學系副教授梁麗清博士在〈社會政策與積極不干預〉一文中如此論說：「解構神話：『社會服務的發展應首先考慮本港的經濟能力，社會政策發展應以經濟為主導』。政府提出的『不干預』只是不提供社會服務的擋箭牌，而另一方面卻積極介入維護資本家的利益。……卻犧牲了市民的利益，對社會長遠發展及提高市民生活質素並沒有好處。……很多弱勢社羣……不利處境並非源於個人問題如懶惰……，而是源自社會政策對這些社羣的忽視與排斥。」[6]

香港有綜合援助金的制度為貧困的人提供安全網，但樂施會最近發表一份香港貧窮趨勢報告，二〇〇六年有四十一萬八千六百位在職人士月薪低於五千元，[7] 現今面對在職貧窮需要新的對策，樂施會倡議政府應慎重考慮其他合宜的制度，如最低工資的制度。經歷九七金融風暴，失業率持續高企的日子，志願團體提倡的社區企業終於得到政府認同，並在第三屆行政長官政綱中納入為政策之一。社區企業的精神是讓弱勢社羣開闢一條生路，[8] 可以自給自足。我們應積極鼓勵政府推動政策建立關愛社會。

3. 塑造憐憫文化

冷漠文化更深藏的根源是香港人沾染了一種生存規則：賺錢是最優先的目標，弱肉強食，笑貧不笑娼；窮要自己去克服，不要靠政府，不要煩人。大企業的目標是謀取更大回報，佔有市場空間，吞併收購，令小企業生存更難，不理人死活。若維持這種價值為社會的核心價值，香港會變得更冷漠。

關懷憐憫文化要在社會各層面活出來，首先，大企業要承擔社會責任，我們要問：大企業在市場經濟的經濟模式是否必然要不斷追求盈利增長？筆者甚贊同香港大學法律學院副院長戴耀廷在信報專欄提出：「企業不必然要無止境地追求盈利增長的。外國不少大企業都非常重視它們的社會責任，顧及社會各階層的需要及感受。」[9]

政府的管治可以體現「鄰舍原則」，制定政策時，透過導向規管市場，使人的貪婪本性受某程度的監控，或將其破壞性維持一個可容忍的水平。政策可以塑造關懷的文化，讓貧困、孤、寡、老、病、弱勢人士得援助。留一條生路給窮人。

關懷文化是要為缺乏的人甘心做過於自己應做的，香港信徒中確實有人在過去十多年堅持服侍盡心貢獻，其中一個例子是一間細小的基督教機構「榕樹頭之光」，於二〇〇〇年開始推展危機家庭緊急暫居宿舍「神愛之家」服務。直至二〇〇六年底，已接待了一百三十五個家庭入住，早期服侍對象以新來港婦孺為主。二〇〇七年起重點接待被拋棄或受虐待的婦孺。[10] 信徒應多給予這些機構支持，奉獻金錢和出力幫助。這是以身體傳福音，為受苦的人提供生活支援和輔導。

四 建設教會的有情社羣

教會是被召出的一羣（弗四10），祂所賜的功能，只有一個目的，就是「要裝備聖徒，去承擔聖工，建立基督的身體；直到我們眾人對神的兒子都有一致的信仰和認識，可以長大成人，達到基督豐盛長成的身量。」（弗四12～23）[11] 哲學大師及靈修學家魏樂德（Dallas Willard）在《心靈的重塑》一部出色的門徒訓練書籍中，演繹以弗所書的教導，提出地方會眾是由光明的兒女組成，要照亮這世界。教會要塑造信徒靈命，活出基督的樣式，作神沒有瑕疵的兒女。[12] 教會作為在基督裏建立的羣體，是為要將神的設計顯明出來，示範給世人，吸引人羨慕過團體生活；就是有情（compassion），有共同承擔的團結（solidarity）。基督信仰不是單表現於個人與個人友好，也有能力承托家人，將神的愛落實於社會，塑造文化，更新制度。

教會與別的社羣不同之處是基督的生命，這是我們的寶貝（林後四6～7）。魏樂德發現大多數地方教會都有一個通病，只是程度各異，那就是分心。有關人士實際上都把瓦器誤當作寶貝，瓦器包括組織、事工、增長數字等。我們的各種組織，隨著時移世易，變成了百分之百的瓦器。[13] 瓦器性質的關注都不會使人活得像基督樣式。基督徒不時接受著言傳身教的灌輸，認為做事正確（總是以他們珍愛的瓦器，或他們的傳統來衡量）比效法基督更重要，事實上，因為要做事正確，反而理所當然地刻薄待人。

魏樂德對美國一些教會的的觀察，對香港教會也是一種警惕：

> 今天美國教會以至西方教會中的保守派，都犯了一個根本的錯誤，就是以盡可能讓更多人死後上天堂作為基本目標。他們的著眼點是使人上天堂，而不是把天堂帶到人中間。……它摧毀了自己，因為它製造了一批又一批可能已為死作好準備，但顯然沒有為生作好準備的人。他們很少能彼此好好相處。他最親密的關係往往夾雜著彼此傷害、冷漠和怨恨。他們找到各種方法作『基督徒』，卻沒有活出基督的樣式。[14]

1. 建設屬靈的家

當香港教會對大教會和事工成功趨之若鶩時，我們要避免把瓦器當作寶貝。我們要塑造信徒的靈命成長，讓信徒的生命被神的愛滋潤，有心力實踐對人的承擔。這是需要時間去建立，要共患難，要互相扶持。彼得·史卡吉羅牧師在美國種族最複雜的地區建立多文化的大型教會，創立了新生命團契，以他親身從受傷得愈的經驗，重建健康的教會。他與栢華倫合著《建立高EQ的教會》(*The Emotionally Healthy Church*)[15] 中，提出神籍教會破除過往受傷對人的影響力。教會是神在地上設立的另一個屬靈的家，我們可以稱神為「爸爸」，這個詞是個情感強烈的詞，只用於孩子對父親。他説得好：

> 我基督徒這個新身分和性情，最關鍵的決定因素，不是我肉身家庭的血液，而是耶穌的血。我們得到一個新的名字（基督徒），一分新產業（自由、榮耀、盼望），和新的能力（聖靈）來活在這個新生命中。我們有分於神的性情（彼得後書一章4節），能夠享受神家中的孩子所享受的，絕對的安全和穩定、自由、親密和禱告中的確信。我裏面的生命有一個新的活力，這生命就是耶穌的生命。耶穌毫不猶豫地呼召男人和女人來就近祂，過於他們肉身的家庭，祂說：『愛父母過於愛我的，不配作我的門徒』（太十37）。[16]

教會是一個屬靈的家，我們要重新肯定小團體的價值，當中包含長久的委身和忠誠相待，可以讓受傷的人得醫治。筆者教會二○○七年少年軍主顧禮刊登了一篇見證，一位遇父母離婚的少年，在教會的基督少年軍重新經驗像家的相聚。父親離家，令他失去喜樂和與人共聚的歡樂，變得害怕分離，卻在基督少年軍，他重拾喜樂，重新建立對與人相聚的信任。另一個近年可喜的現象，筆者的教會內素來難召聚的中年男士，卻願開放心靈，組織起男人小組。以上兩個團體都是經五年、十年長期委身才建立起來的。

2. 屬靈羣體以結連為中心

近年深入研究並親身實踐，以基督信仰建立整全人格的輔導專才克萊布（Larry Crabb）、克勞德和湯森德（Henry Cloud & John Townsend）都不約而同認定基督信仰，和深交的羣體有屬靈的能力醫治人心，使人得以健全成長。克萊布在《生命結連》一書深入演繹結連的觀念和實踐經驗，認為理想的醫治羣體是以結連為核心目標，為此熱切付出，羣體不應以人數增長為目標，惟應以結連為中心：與神結連（崇拜）、與人結連（愛心服事）、與己結連（個人整全）。[17] 健康的羣體有三個根基：友誼、牧養、屬靈導引；牧養是由獻身於作師傅的人提供，作為長輩良朋，以其豐富的人生經驗讓人持定盼望。而屬靈導引是辨識人心裏最深處，敏銳聖靈的工作，以陪伴形式進行。以下會扼要引介他提出的結連觀念。

結連的神學基礎在於人生不是漫無目的之活動的總和。我們不只是血肉之軀，不是因緣的偶然聚散。我們是宇宙戲台上的重要角色，受造是要知道台前幕後的實況。神委派聖靈導演這台戲，並裝備演員進入角色。聖靈已將獨特的養分戳印在每個生命裏，羣體必須學會以此結連。結連的表現是參與別人靈魂的爭戰，為對方說遠象，告訴別人將來可成就的模樣，若呼應聖靈對他們說的，這遠象就滿有力量。當我們參與別人靈魂的爭戰，看見神在他們生命裏預定的遠象，結連就發生。

遠象有三個含義：（一）從神而來的遠象也許關涉實際生活層面，卻必然環繞人的心靈和品格性情。（二）聖靈啟示的遠象當會使發遠象的人為對方憂心。因為過程是進入了屬靈爭戰，產生不同程度的痛。（三）聖靈啟示的遠象必須源於屬靈辨別。若沒有為對方恆久熱切的禱告，有關別人的遠象會變為滿足自己。我們開始看別人的遠象時，必先為自己建設遠象，要捨己，不求自我滿足，只求發展神的計劃。參與別人靈魂的爭戰是結連的開始。在禱告中看見基督在人生命裏的可能面貌，是結連的繼續。我們裏面基督的生命被釋放，奇妙、活潑的力量從裏面傾倒，觸摸別人，就是結連的高峯。

結連的核心關注是認識神；更重要的屬靈爭戰是信心之戰。就是當神似乎不可靠時，我仍掙扎要相信祂；在似乎應該埋怨時仍心存盼望；在祂似乎袖手旁觀時，我仍親近祂。總括而言，就是與神建立良好關係之戰。現代心理學的盛行加上精神情緒病的上升，我們面對引誘，將心理與個人問題提升至首要位置，間接把「與神建立良好關係」的戰役貶為次要。人的核心戰役是與神建立良好關係，敬拜祂，享受祂，經歷祂的臨在，聽祂的聲音，凡事信靠祂，以祂為善，順服每道命令，在祂似乎失蹤時心存盼望。神呼召我們進入彼此的生命，就是要打這樣的仗，就是渴望認識神而結連。

筆者十分認同信徒羣體之間，解決問題只屬次要，我們不一定能幫上忙。深切認識神才是首要戰役。別讓問題蒙蔽，以致看不見這簡單的道理：每個困難都是更深刻認識神的機會。我們要多思想對方的問題如何影響他與神的關係；要與肢體一同受苦，不是保持距離地受苦（林前十二26）。例如當肢體身體患病，滿懷信心求身體醫治其實是擅作主張，反映人自高自大的要求，過於謙卑信靠。我們可以憑信心求，知道祂能夠治愈身體，但我們也可憑信心求，祂必會醫治靈魂。一個好羣體固然會採取實際行動，如準備美味菜餚，駕車接送到醫院，代禱求醫治，但我們要明白，最大的善來自為幫助各人更像基督而奮鬥。如果我們專注於所參與的戰役，就可以留心聽別人的苦難而不退縮。參與就是單純為了作伴，與人並肩，不是要當救世主或專家。戰鬥策略非常簡單，我們彼此幫助，以治死肉體，堵截魔鬼與世界的力量，使人的靈活潑起來，從而攪動心裏善念，這善念一旦釋放出來，我們就更像耶穌。

我們最深刻的真實是基督的生命。我們的任務是要辨認這生命，不斷滋養它，直至它強過所有慾望，直至我們雖然懷疑卻仍相信，縱憂慮卻仍安靜信靠，雖然自覺不足卻仍全心倚靠聖靈帶領。惟有那些滿載基督力量的人，才最夠資格觸探我們的深處掙扎。滋養裏頭的基督力量，必須配合研經、禱告、事奉、敬拜。相信內心聲音不等於可以忽略屬靈操練。還有，按聖經格套去了解人、人的問題和幫助者所能做的事，有利於釋放基督的力量。信徒中協談方面經驗尚淺者，也需要學習溝通模式和跟從導師。然後，我們學習說出活在基督臨在裏最想說的話。只要信靠內住的聖靈隨時感動。我們簡單獻上自己，交出內心最深邃的部分，並且分辨、治死肉體，便能釋放屬靈的和有能力的話。教會的羣體聚集為了彼此相顧，激發愛心，勉勵行善。

3. 有情社羣與健全人格

神為信徒命定在教會屬靈羣體中，靈命被牧養，讓人身心靈健全。聖經教導我們，因為基督已經將祂的恩賜放在每一個肢體裏面，所以成長一定是發生在基督的身體裏。筆者認同克勞德和湯森德對成長的全面理解，在《成長神學》中提出連結關係——與神、也與主內肢體即基督的身子結連，是成長的基礎。羣體是神施恩的外在管道；人在信徒羣體中感受和嘗到主恩的滋味，是需要敞開心，透過與其他人的連結可以得到。羣體的滋養元素包括：

(1) 人與人坦誠相對得來的交心，經驗愛和感通；
(2) 接納是將某人接到裏面來，當我們感覺被接納時，心靈就會有美好的轉變，更有動力從錯誤中改變來；
(3) 彼此認罪，互相代求，除非我們把內心的傷痛和罪疚曝露出來，否則就經歷不到恩典；
(4) 支持和強化作用，關係為醫治帶來愛與支持；
(5) 示範作用，按神的設計，人是需要邊看邊學的，要看到別人做，然後才能將別人的榜樣內化，自己才能照著做；
(6) 哀傷作用，只有在關係的背景下才能發揮悲傷的功用；
(7) 平凡的輕省；在羣體中認識到大家都是平凡人，使人大得幫助，並得著盼望，不再孤單，也不一定要求自己樣樣成功。

願以克勞德和湯森德一段説話總結教會的意義：

> 新約中救贖的神學並不是在講修復，乃是人完全的毀壞後，全部重新來過，而且要重生。舊事已經被釘在十字架上，一切都變成新的了（林後五17；加二20）。新的不是「完全的」，乃是進入另一個完全發展的過程，像嬰孩一樣被培育。靈命培育之路就是回歸到創造時應有的樣式。我們本來要生而為人類，然後長大成為完美的人。但是人類墮落了，自此沒有一個人長大後能成為完全的人，因為我們都來自一個功能失調的大家庭：人類。所以神要把舊的除去，讓我們重新開始。這次我們要在新的大家庭中經過重生、重新長大，這個大家庭就是神的家，基督的身體。在這個大家庭中，我們要得回第一次所遺失的東西。在這個家中得到撫育、榜樣、真理、愛心、負責任、發揮才幹等等，都是嬰兒長大成熟而臻至完全所需要的。成聖的過程就是品格的培育，而且必定要在家庭的背景下分別為聖。神的模式是生命帶出生命，就像祂向人吹氣，就像神的生命從這個人傳給那個人，靈命與個人成長也是這樣。[18]

本章從神在舊約律法精義，路得記所展現的社羣，掌握三個有情社羣元素：家庭內互相依存中享受親情、保障困苦窮乏人的制度和關懷文化。這些元素同樣對現今的香港社會有適切的指引，啟發我們建設香港成為有情的社羣。香港地方教會也承接神在聖經對有情社羣的旨意，靠著聖靈，身心靈健壯，作為世界的光。我們可以成為屬靈的家，彼此結連，在愛中長成基督的身體。

註 釋：

1. 「贖業近親」是律法字眼，近親有責任保存親屬的產業，根據（利二十五25～54，二十七13～33）律法的規定為親屬贖回土地、牲口、房屋、地業等。波阿斯不是最近的近親，還有一位比他更近的近親，而婦女沒有身分在城門口提事，這才促使拿俄米要路得夜訪，邀請他主動處理。
2. 申命記二十五章5至6節律法及創世記三十八章8至9節的事例都指明，娶死人的妻只是親兄弟的責任，為死人留後代。
3. 路得記四章5節的「我會娶」原文希伯來文抄本中，文士在此字保存了兩個傳統讀法，一個跟子音，一個跟註音。字母寫法（Kethiv）保存第一身動詞讀法，可譯作「我會娶」。註音符號（Qere）保存第二身讀法，可譯作「你要娶」。兩個讀法都有古希伯來抄本和譯本支持，語法上兩個都可以。以下根據文意及摩西律法衡量哪一讀法更可取。申命記二十五章5至6節律法及創世記三十八章8至9節的事例都指明，娶死人的妻只是親兄弟的責任，為死人立後。根據摩西律法，波阿斯無理由要求那人娶路得。因此，四章5節應讀「我會娶」更可取，這樣，波阿斯既依法而行尊重對方的贖業權，又突顯自己為族人承擔超過法例要求的義務。這更貼切下文，令得全城人民及長老稱讚，又令那人甘願放棄贖業權，因為當波阿斯明言娶路得是為死人立後，豈不是很快他所買的田地便屬於路得為死人所生的兒子，他便白白浪費了金錢。那人為免損失自己的產業，便不買贖了。最後波阿斯娶外邦女子得到全城接受，就是為族人留名，名正言順地公開迎娶摩押女子路得。
4. 參香港警務處網站：www.police.gov.hk。
5. 參房屋委員網站：www.housingauthority.gov.hk。其中說明二〇〇七年五月十五日修訂加戶政策，通過一套促進家庭和諧共融的舉措，訂明八類人士在符合條件準則下，可以加入戶籍之內。
6. 節錄自謝均才編：《我們的地方·我們的時間——香港社會新編》（香港：牛津出版社，2002），頁338。
7. 樂施會於二〇〇七年發表了一份研究香港貧窮趨勢的報告，可參考樂施會的網站：www.oxfam.org.hk。該報告的研究結果顯示在職貧窮情況嚴重："13 per cent of the workforce is poor – In 2006, one of every 7 to 8 (7.6) workers is poor, earning less than half the median income (at HK$10,000/month in 2006). From 1996 to 2006, the number of poor workers increased by 87 per cent, from 222,800 workers to 418,600 workers, or 13.1 per cent of the workforce. More workers earning less than HK$3,000 a month – Workers with an income of less than HK$3,000 a month increased 103 per cent since 1996, from 68,600 workers to 139,000 workers."
8. 有關社區企業，可以參考網址：www.scialenterprise.org.hk。
9. 戴耀廷的文章刊登於《信報》二〇〇七年四月二十五日「法治人」專欄。
10. 參基督教榕樹頭之光協會出版的《榕光通訊》第七十二期（2007年9～10月）。

11. 這裏節錄了 Dallas Willard 著，譚晴譯：《心靈的重塑》（香港：天道書樓，2006），頁336的經文翻譯。
12. Dallas Willard 著，譚晴譯：《心靈的重塑》，頁337～338。
13. Dallas Willard 著，譚晴譯：《心靈的重塑》，頁341。
14. Dallas Willard 著，譚晴譯：《心靈的重塑》，頁344。
15. 彼得·史卡吉羅（Peter Scazzero）、柏華倫（Warren Bird）著，何劉玲、張晨歌譯：《建立高EQ的教會》（South Pasadena, CA：美國麥種傳道會，2004）。
16. 彼得·史卡吉羅、柏華倫著，何劉玲、張晨歌譯：《建立高EQ的教會》，頁155。
17. 克萊布（Lawrence J. Crabb）著，吳麗恆譯：《生命結連》（香港：天道書樓，2006），頁224～225。
18. 克勞德（Henry Cloud）和湯森德（John Sims Townsend）著，劉如菁譯：《成長神學》（台北：校園，2004），頁190～191。

5

初探保羅信仰中的情

邵樟平

一 引言

本文旨在探討的是保羅信仰中的那份情。筆者稱此文為初探，顧名思義，當然是因為它不過是一次初步的探索；不過，它還包含了另一層意思，就是它可能亦是這類探索的初次嘗試。因此，這便做成了這次研究遇到的困難比預期的為多。第一方面的困難是，探討保羅信仰中的情可以說是一種相當冷門的研究。就筆者所接觸到的資料來看，新約學者對保羅的興趣，主要是關於他的神學[1]、思想[2] 和生平[3] 等等。而在這些資料中，差不多是完全沒有從「情」這個角度來理解保羅的。縱使新約學者威特靈頓（Ben Witherington）稱保羅為一名激進分子（a radical），指出「當保羅身為一名法利賽人，他激進得隨時準備好訴諸暴力；當他成為基督徒之後，他並沒有停止他的激進，他只是成了一名非暴力的激進分子而已。」[4] 並且他認為「保羅的宗教並不是一種否定世界或由世界退縮的宗教。相反，他提倡這個舊形式逐漸衰敗的世界需要更新。」[5] 然而，這種看法所涉及的情，仍跟我們要探討的保羅信仰中的「情」，有一段很長的距離。第二方面的困難是，要對情作出探討，指出它的含意，說明它的本質，同樣是件很不容易的事。這困難的成因是，就著情本身進行的研究和討論亦是十分稀少，故此想由現成的研究中借用資料，似乎是行不通的。這兩方面的困難都逼使筆者要更多地從第一手的角度去反省和思考問題。

與此同時，這次研究亦比筆者所預期的帶來了更豐富的果子，這是叫筆者感到驚喜不已的。若不是這次的研究，筆者肯定仍昧於情的豐富內涵和它那多姿多彩的呈現，以及它與生命的緊扣相連。若不是這次的研究，筆者亦不會切實地看出保羅信仰中的情，竟是如斯的重要。那麼，筆者便只會繼續忽略信仰中這個層面的重要含意，同時，亦不可能意識到，當今教會所遇見的諸多問題，很可能是由於忽視了信仰中的情所致。筆者深盼自己以下的一些初步發現，能夠激起讀者對信仰作出更全面的反思。同時，亦盼望此文所探討的內容，能恰如其分地表達出對褚永華院長這位有情的長輩的由衷敬意。

二 情是甚麼？甚麼是情？

在未探討保羅信仰中的情之先，我們似乎需要先弄清楚情是甚麼？在這一節，筆者嘗試從三個不同的角度，去了解甚麼是情。這三個角度分別是，通俗的角度、歷史文化的角度和宗教的角度。

首先，筆者要提出的是對情的一個通俗的了解，我們會從金庸所寫的《神鵰俠侶》去尋找這方面的啟迪。在《神鵰俠侶》中，大反角赤練仙子李莫愁甫一出場，便問道：「問世間，情是何物，直教生死相許？」[6] 這個簡簡單單的問題，的確道盡了千萬人心靈深處的疑問，故此，它能成為金庸小說中，最膾炙人口的一句話，亦是很易理解的。

對於情為何「直教生死相許」？金庸在小說的結尾部分，提供了他的一種看法，這亦可以說是他對情的一種看法。金庸是透過陸無雙的口，來道出「直教生死相許」的情究竟是怎樣的一回事。陸無雙在目睹「那雌鵰雙翅一振，高飛入雲，盤旋數圈，悲聲哀啼，猛地裏從空中疾衝而下……一頭撞在山石之上，腦袋碎裂，折翼而死」的一幕後，她耳邊便「忽地似乎響起了師父李莫愁細若游絲的歌聲：『問世間，情是何物，直教生死相許？天南地北雙飛客，老翅幾回寒暑？歡樂趣，離別苦，就中更有癡兒女。君應有語，渺萬里層雲，千山暮雪，隻影向誰去？』」陸無雙「此時眼見雄鵰斃命後雌鵰殉情」，便體悟到「直教生死相許」的情的含意：「這頭雌鵰假若不死，此後萬里層雲，千山暮雪，叫牠孤單隻影，如何排遣？」[7] 從一個通俗的角度看，情乃是一股巨大的生存動力。這一份情可以推動人滿腔熱誠地、全心全意地為人而活；這一份情亦可以令人心灰意冷地為（失去某）人而死。這裏所提到的對情的理解雖然偏重於男女情愛的情，但是應用於一般的情感應無不可。我們可以將它看成是情的第一方面的意思，就是一份甘於獻上生命的情。

我們除了可以從通俗的角度了解情之外，亦可以從歷史文化的根源和儒家思想這兩個向度去了解情。中國當代的著名思想家李澤厚先生，便是從這兩個向度去理解情的重要性和本質。首先，他從情在歷史文化根源上所佔的重要位置，提出的「情感本體」的理論。他指出,就著歷史文化的根源來看,「情感因素極為重要」,這是一種「包容有想像、理解、認知諸因素在內的情感狀態。」並且,「它大概是……人類所獨有的多種心理功能複合物的最初呈現。」[8]

其次,他亦指出情乃是儒家思想的一個重要元素,並從這個角度來了解情。他指出:「孔子以仁釋禮,將社會外在規範化為個體的內在自覺……最為重要和值得注意的是心理情感原則,它是孔學儒家區別於其他學說或學派的關鍵點。」他又說:「孔學特別重視人性情感的培育,重視動物性(慾)與社會(理)的交融統一。我以為這實際是以『情』作為人性和人生的基礎、實體和本源。」「世俗中有高遠,平凡中見偉大,這就是以孔子為代表的中國文化精神。這種文化精神以『即世間又超世間』的情感為根源、為基礎、為實在、為本體。」[9] 李氏又指出,「孔門儒學既非西方的哲學,也非西方的宗教,卻具二者功能。其關鍵就在於:它是以培育塑建人性情感為主題、為核心。」[10] 從歷史文化的角度看,情乃是人性和人生的基礎、實體和本源。有了這份情,縱是在世俗之中,亦能高遠;縱是在平凡之中,亦能偉大;既能活於世間之中,亦能超越世間。我們可以稱從這角度理解的情,是一種即世間又超世間之情。

最後,我們還可以從宗教特性這個角度來了解情。十八世紀的清教徒思想家愛德華滋(Jonathan Edwards)在〈論宗教情感〉(“A Treatise Concerning Religious Affections”)一文中,便對基督徒的情感作出了鞭辟入裏的剖析。他在文中提出了這樣的一個看法:「真宗教大部分是在乎聖潔的情感」。[11] 而「宗教所產生的情感,乃是『愛』與『喜樂』。」[12] 情感究竟是甚麼？「情感並非別的，乃是我們心靈中的傾向和意志更強烈的表現。」[13]「神將兩種才能賦予人的心靈：一種是認識和思索的才能，人藉此纔能辨別，觀察，並判斷事物，故此它稱為了解。另一種才能不僅叫人辨識事物，而且叫人對所辨識的事物表示愛或憎的傾向；或說這才能叫人對於所看到的事物，並不是像無動於中的旁觀者一樣，而是必然表示愛憎，喜惡，褒貶。」[14]

愛德華滋細緻地區別出不同的情感：「若心靈對某一件事喜愛到很強烈很活潑的程度，就是愛的情感；若厭惡到一種極高的程度，那就是恨的情感。若意志對某種不在眼前之事物起了活動，心靈便多少傾向那事物；而那傾向若達到相當的程度，即與願望之情無異。在意志的每種活動中，無論其程度高低，心靈若贊許某種眼前的事物，即有一種滿足；若這種滿足達到相當的程度，便有喜樂的情感。若意志對某種眼前的事物表示不贊成，心靈就多少不滿足；若很不滿足，那就等於是憂愁的情感。」[15] 從宗教的角度看，情乃是心靈的傾向和意志的強烈表現。這份情叫人不可能只成為一個無動於中的旁觀者。在辨識事情之後，這份情便會在人心中產生愛憎、喜惡和褒貶的傾向。從這個角度看，情便有一種不可能抽離只作壁上觀的特性。反之，我們可以說，情感乃是生命的驅策力，情感所在之處，必見整個生命的投入。我們可以稱這種情為投入整個生命的情。

我們對情的本質和含意有了以上三方面的了解之後，以下便嘗試從這三個角度去探索保羅信仰中的情。我們會先由投入整個生命的情來開始，然後是獻上生命的情，最後是即世間超世間的情。就著保羅書信的內容來看，前一種的情感流露，無疑是最為普遍的，第二種的情感亦間有出現，至於第三種的情感其實是相當廣泛的，但是礙於本文的篇幅和筆者的時間所限，只能作出點到即止的交代。

三 保羅投入整個生命的情

我們若從愛德華滋所論述的情來閱讀保羅的話，保羅所流露的，正正是一個投入了全部情感的事奉者的生命。他的情感，就是一種生命與生命之間的感通。他將自己的情感帶入事奉之中，同時，他又將別人的苦情、別人的快樂、別人的憂慮、別人的興奮，帶進自己的生命中，處處牽動著自己的生命。保羅的事奉並不是一種頭腦的認知，他的事奉乃是經過頭腦的認知，轉化成心靈的感觸，再進而在內心燃起的火燄，為事奉的對象帶來溫暖。保羅在這方面的情感流露，可謂極之豐富。

1. 信仰／事奉中的眼淚

流淚可以說是其中一種最真摯的情感流露，而保羅事奉的一個重要的特徵便是流淚。使徒行傳二十章記載了保羅對以弗所教會長老的臨別贈言。他在憶述自己在他們中間建立教會的三年工作時（徒二十18～35），便提到他是「三年之久晝夜不住地流淚、勸戒你們各人」（徒二十31）。這句話乍聽起來，似乎叫人難以置信。三年之久，在對以弗所教會信徒作出勸戒時，都是流著眼淚地作？但是，保羅在這裏所講的，明顯不可能是假的。因為他在這個場合的講話，正正是要證明，他在以弗所教會事奉期間為人的真誠和正直。他提到：「凡與你們有益的，我沒有一樣避諱不說的」（徒二十20，另見27

節）;「我未曾貪圖一個人的金、銀、衣服。我這兩隻手常供給我和同人的需用，這是你們自己知道的。我凡事給你們作榜樣……」（徒二十33～35）同時，他談話的對象，乃是他在以弗所時期最認識他的信徒領袖。並且，他們在聽了保羅所說的話之後，「眾人痛哭，抱著保羅的頸項，和他親嘴」（徒二十37）。由此可以確定，保羅在以弗所的事奉，確實是一種全然流露情感的事奉。情感對保羅來說，並不是需要隱藏起來的事。他不住流淚地勸戒信徒，只是表明他極度關切以弗所新信主的信徒在屬靈生命的成長。保羅是以整個生命的投入，來栽培以弗所信徒的生命，而不是作一個抽離的事奉者。

保羅在其他地方亦有提到他的流淚事奉。他在哥林多後書二章4節這樣寫道:「我先前心裏難過痛苦，多多地流淚，寫信給你們，不是叫你們憂愁，乃是叫你們知道我格外地疼愛你們。」著名的新約學者馬田（Ralph P. Martin）對這句話的評語是:「這節經文打開了一扇窗，讓我們得以了解作者在寫此信和寄出它時的內心世界……」[16] 若換成更直接的講法，這裏所揭示的，乃是保羅的內在情感世界。另一位新約學者威特靈頓的解釋是:「二章4節講及保羅在寫這封哀傷的信時的身心狀況。他心裏憂慮，深感痛苦，在寫信時一面流淚。」[17] 這既是一種心靈的狀況，亦是一種情感的狀況，保羅正在憂慮，並且是深感痛苦，但是他並沒有掩飾這份情。流淚所表露的情感投入，再一次成為保羅事奉的記號。

保羅在寄給腓立比教會的書中，「流淚的告訴」那裏的信徒（腓三18），提醒他們不要跟隨基督十字架的仇敵，免至他們走錯路。為了信徒的生命能夠健康成長，保羅從不吝嗇自己的眼淚和自己的情感。

保羅不單不會掩飾自己的情感，坦然地透過流淚表達出來，他同時亦重視別人的眼淚，因為別人的真實情感對他來說亦是極之珍貴。他在提摩太後書一章4節便想起了提摩太的眼淚。這是保羅與提摩太在上一次分離時，提摩太所流的眼淚。有釋經家指出：「保羅的渴望，因他憶念他同工的眼淚而增加……保羅所憶念的乃是提摩太的眼淚。」[18] 提摩太的眼淚不單表示了提摩太的情感，同時亦牽動了保羅的情感。

這種由眼淚所交織的情感，斯托得（John Stott）以為它是在表達出一種優美的「屬靈友誼」（spiritual friendship）。他將保羅在提摩太後書一章4節所提到的「記念你的眼淚」，解釋為保羅與提摩太之間那種亦師亦友的關係，所產生的一段極其優美的「屬靈友誼」：「我們已經知道保羅是提摩太的屬靈『父親』。保羅領提摩太歸於基督之後，並沒有離棄他，甚或忘記他。沒有。他乃是時常地『記念』他，就如這段經文重複提起的。保羅曾領提摩太參與旅程，訓練他成為徒弟。當他們在對上一次分離的時候，提摩太忍不住流下眼淚。現在，保羅記念起他的眼淚，『晝夜』渴望想再見他，以致他可以再次『滿心快樂』……如此的基督徒友誼……滿有力量地模塑年青的提摩太，鞏固和承托他的基督徒生命和事奉。」[19] 這裏再一次表明，保羅對眼淚的重視；或者，更貼切的講，他是對那種全人投入的事奉，所必然產生的強烈情感的重視。信仰、事奉與情感，對保羅來說，似乎是不容分割的。

2. 信仰／事奉中的喜樂

愛德華滋對喜樂的情感，作出這樣的描寫：「在意志的每種活動中，無論其程度高低，心靈若讚許某種眼前的事物，即有一種滿足；若這種滿足達到相當的程度，便有喜樂的情感。」[20] 這種情感亦洋溢在保羅所寫的帖撒羅尼迦前書之中，尤其是在一至三章。保羅提到，「我們的盼望和喜樂……是甚麼呢？豈不是我們主耶穌來的時候、你們在他面前站立得住嗎？」（帖前二19）保羅的情感，緊緊繫於帖撒羅尼迦信徒是否在主前「站立得住」之上。若能站立得住，他便能得到滿足，他便會充滿喜樂。因此，當保羅對帖撒羅尼迦信徒說：「你們就是……我們的喜樂。」（帖前二20）我們一點也不覺得奇怪，因為這正正是一個重視情感的事奉者，很自然會表達的一句話。而保羅往後亦的確再一次說：「我們在神面前，因著你們甚是喜樂；為這一切喜樂，可用何等的感謝為你們報答神呢？」（帖前三9）

費爾文（Frank Thielman）在他所寫的新約神學中亦留意到帖撒羅尼迦前書中所洋溢的這份情感，只是他選取了從當時社會處境的角度來解釋保羅為何對情感如此強調。他指出，「當帖撒羅尼迦信徒離棄他們的偶像，轉而敬拜永活的真神時（帖前一9），他們便踏進了社會的邊緣地帶，並且成了他們家庭範圍的局外人。」而保羅是在這種處境之下，「強調基督徒彼此之間的那一份如同家人一般的情感。」[21] 不論，保羅是否刻意強調家人間的情感，「情感的字詞在信中隨處可見」[22] 卻是事實。保羅處處提到他如何充滿情感地事奉帖撒羅尼迦的信徒。

保羅提到他是怎樣悉心地建立他們，一方面，「在你們中間存心溫柔，如同母親乳養自己的孩子。」（帖前二7）另一方面，「勸勉你們，安慰你們，囑咐你們各人，好像父親待自己的兒女一樣。」（帖前二11）當保羅不能不與信徒分離時，他的心情乃是：「我們暫時與你們離別，是面目離別，心裏卻不離別；我們極力地想法子，很願意見你們的面。」（帖前二17）等到保羅從提摩太得到有關帖撒羅尼迦信徒的好消息之後，保羅便說：「我們就活了。我們在神面前，因著你們甚是喜樂；為這一切喜樂，可用何等的感謝為你們報答神呢？」（帖前三8～9）保羅的信仰和事奉，明顯要求他將自己的情感，全然的投放其中，而在帖撒羅尼迦前書中，我們看見他那份無比喜樂之情躍然紙上。[23]

3. 信仰／事奉中的憂愁

保羅在書寫哥林多後書時，將他那份憂愁的情感，強烈地貫注於其中。保羅在書信甫一開始，便敍述出一個悲涼的境況，為到他貫通全書的那份憂愁情感，提供了一種適切氣氛和背景。他寫道：「我們在一切患難中，他就安慰我們，叫我們能用神所賜的安慰去安慰那遭各樣患難的人。」（林後一4）之後，這種悲涼的氣氛仍隨著他不住地提到：「我們受患難」、「我們所受的那樣苦楚」、「同受苦楚」和「遭遇苦難」等等（林後一6～8），顯得更為濃烈。

來到哥林多後書二章1至7節，保羅便十分清晰地將這種憂愁的情感表露出來：

> 我自己定了主意再到你們那裏去，必須大家沒有**憂愁**。倘若我叫你們**憂愁**，除了我叫那**憂愁**的人以外，誰能叫我快樂呢？我曾把這事寫給你們，恐怕我到的時候，應該叫我快樂的那些人，反倒叫我**憂愁**。我也深

> 信，你們眾人都以我的快樂為自己的快樂。我先前**心裏難過痛苦，多多地流淚**，寫信給你們，不是叫你們**憂愁**，乃是叫你們知道我格外地疼愛你們。若有叫人**憂愁**的，他不但叫我**憂愁**，也是叫你們眾人有幾分**憂愁**。我說幾分，恐怕說得太重。這樣的人受了眾人的責罰也就夠了，倒不如赦免他，安慰他，免得**憂愁**太過，甚至沉淪了。

對保羅來説，那種正如愛德華滋所説，由於「意志對某種眼前的事物表示不贊成，心靈就多少不滿足；若很不滿足，那就等於是憂愁的情感」，[24] 保羅從來都不會祕而不宣。相反，他在事奉中，卻要將這份情感清楚地表白出來。

他不單在第二章詳細地描寫了憂愁之情，他在七章8至11節亦再一次長篇地將那份憂愁的情感表白出來：

> 我先前寫信叫你們**憂愁**，我後來雖然**懊悔**，如今卻不**懊悔**；因我知道，那信叫你們**憂愁**不過是暫時的。如今我歡喜，不是因你們**憂愁**，是因你們從**憂愁**中生出**懊悔**來。你們依著神的意思**憂愁**，凡事就不至於因我們受虧損了。因為依著神的意思**憂愁**，就生出沒有**後悔**的**懊悔**來，以至得救；但世俗的**憂愁**是叫人死。你看，你們依著神的意思**憂愁**，從此就生出何等的殷勤、自訴、自恨、恐懼、想念、熱心、責罰。在這一切事上，你們都表明自己是潔淨的。

之後，保羅還在此信的結尾部分，十二章21節再次提到他的憂愁情感：「且怕我來的時候，我的神叫我在你們面前慚愧，又因許多人從前犯罪，行污穢、姦淫、邪蕩的事不肯悔改，我就**憂愁**。」費爾文論到哥林多後書一章12節至七章16節這一大段時，他說：「在一章12節至七章16節，〔保羅〕描述神如何從憂愁中帶出悔改，及從死亡中帶出生命，這樣便叫他同時在他與哥林多信徒的關係上，以及在他一般的困難事奉中，均得了安慰。」[25]

4. 信仰／事奉中的憎厭

除了以上所提到的情感之外，保羅書信中所廣泛流露的另一種情感，亦十分吸引人的注意，這就是他對某些人的憎厭之情。關於這一種情感的記載，最吸引人注意的，可能是加拉太書，因為在此書中，保羅對那些令到加拉太信徒離開純正福音的人，發出了極其嚴厲的咒詛。保羅對加拉太信徒說：「無論是我們，是天上來的使者，若傳福音給你們，與我們所傳給你們的不同，他就應當被咒詛。」然後，保羅立刻重複這句話一次：「我們已經說了，現在又說，若有人傳福音給你們，與你們所領受的不同，他就應當被咒詛。」（加一8～9）可見，保羅對於那些傳「別的福音」的人感到極之憎厭。保羅對這些人的憎厭之情，在以下的一句話中，可以說是達到了頂點：「恨不得那攪亂你們的人把自己割絕了。」（加五12）這是一句令讀者感到尷尬的話，但是，順著情感表露自己的保羅，卻沒有因此而有所避忌。

保羅這種憎厭的情感，在其他的書信中亦清晰可見，就如哥林多後書和腓立比書。在哥林多後書，保羅又提到有一班攪擾哥林多信徒的人，他說：「假如有人來另傳一個耶穌，不是我們所傳過的；或者你們另受一個靈，不是你們所受過的；或者另得一個福音，不是你們所得過的；你們容讓他也就罷了。但我……」（林後十一4～5）保羅並沒有立即講明他會對他們做些甚麼，不過，他卻表明了對他們的憎厭：「那等人是假使徒，行事詭詐，裝作基督使徒的模樣。這也不足為怪，因為連撒但也裝作光明的天使。所以他的差役，若裝作仁義的差役，也不算希奇。他們的結局必然照著他們的行為。」（林後十一13～15）保羅對這班人所發的惡言惡語雖較在加拉太書中所用的為含蓄，不過，他的情感卻已清楚流露出來了。

保羅在腓立比書中再一次提起那些叫他憎厭的人。保羅提醒腓立比信徒要小心這些人：「應當防備犬類，防備作惡的，防備妄自行割的。」（腓三2）保羅稱這些人為「犬類」，他的憎厭之情，已溢於言表。更何況，還再加上「保羅故意用輕蔑性的押韻字（……在腓三2中那裏用割切一字 *katatome* 跟割禮一字 *peritome* 押韻）來強調……在氣憤中惡言漫罵……」[26] 在此之後，保羅再次提到這些人時，便指出他們可憎之處究竟是甚麼：「有許多人行事是基督十字架的仇敵……他們的結局就是沉淪；他們的神就是自己的肚腹。他們以自己的羞辱為榮耀，專以地上的事為念。」（腓三18～19）保羅對這等人，一點情面也不給。

這裏我們看見的保羅，似乎是很惡、很兇，這並不表示他的信仰和人格分裂了。反之，他的兇和他的惡，正正反映了他對信仰的那份真實和真貴的情感。正如愛德華滋指出，情感這「才能不僅叫人辨識事物，而且叫人對所辨識的事物表示愛或憎的傾向」。[27] 故此，重視情感在信仰中的重要性的保羅，便不會將他對人的憎厭之情掩飾起來。反之，他將它顯露出來，這正與他所領受的信仰本質完全吻合。

四 保羅獻上生命的情

當我們繼續探討保羅的情時，我們可以轉換一個角度，從上面提到的通俗對情的看法這個角度去作出另一番了解。上面提到，從一個通俗的角度看，一般人都會體會到，情可以蘊含極其龐大的力量，甚至叫人「生死相許」的。故此，當小說角色李莫愁對這份情作出提問：「問世間，情是何物，直教生死相許？」一般讀者的內心亦會很自然地泛起漣漪。因為人實在是猜不透：情為何物？它為何可以擁有如此巨大的力量？

當我們從這個角度轉眼望向保羅時，便會被他同樣的一份充滿澎湃力量的捨命之情所深深吸引。保羅對神的那份情，驅使他對以弗所的長老說：「我卻不以性命為念，也不看為寶貴，只要行完我的路程，成就我從主耶穌所領受的職事，證明神恩惠的福音。」（徒二十24）同樣的一份情，令他雖以囚犯之身，卻仍大膽地在亞基帕王面宣告：「亞基帕王啊，我故此沒有違背那從天上來的異象……」（徒二十六19）這一份情，令保羅有超乎常人的能力，去忍受難以想像的苦難：「多下監牢，受鞭打是過重的，冒死是屢次有的。被猶太人鞭打五次，每次四十減去一下；被棍打了三次；被石頭打了一次；遇著船壞三次，一晝一夜在深海裏。又屢次行遠路，遭江河的危險、盜賊的危險、同族的危險、外邦人的危險、城裏的危險、曠野的危險、海中的危險、假弟兄的危險。受勞碌、受困苦，多次不得睡，又飢又渴，多次不得食，受寒冷，赤身露體。」（林後十一23～27）這一份情，甚至叫保羅嚮往死亡更甚於生存：「因我活著就是基督，我死了就有益處。但我在肉身活著，若成就我工夫的果子，我就不知道該挑選甚麼。我正在兩難之間，情願離世與基督同在，因為這是好得無比的。」（腓一21～23）對神的情，乃是保羅生命的一切。沒有了這份情，生命便失去了意義，就如陸無雙所體悟到的：「此後萬里層雲，千山暮雪，叫牠孤單隻影，如何排遣？」[28] 但是，有這份情在，不論是上山下海，穿越地雷陣，也在所不惜。這乃是保羅生命活脫脫所見證的事實。

保羅不單為神擁有這份捨命的情，他為人亦擁有這份捨命的情。其中最震撼人心的，是保羅對自己親族所抱的那份捨命之情。保羅愛他的同胞，愛到一個地步，他說：「我在基督裏說真話，並不謊言，有我良心被聖靈感動，給我作見證：我是大有憂愁，心裏時常傷痛；為我弟兄，我骨肉之親，就是自己被咒詛，與基督分離，我也願意。」（羅九1～3）新約學者莫奧（Douglas Moo）對這裏「咒詛」一詞的解釋是：「保羅是在一個真實的屬靈處境上來運用這個字，那就是指被趕逐出教會那種惟一做法，它的意思就是：永遠的刑罰。」[29] 他接下去說：「保羅禱告，願意為到他的猶太同胞的緣故，成為咒詛，深切地表明了他對自己同胞的愛。」[30] 同樣是一份捨命的情，保羅願意為同胞獻上生命，甚至可以是獻上永恆的生命。

保羅對其他信徒亦同樣懷有這樣的捨命之情。他對撒帖羅尼迦的信徒說：「我們既是這樣愛你們，不但願意將神的福音給你們，連自己的性命也願意給你們，因你們是我們所疼愛的。」（帖前二8）著名的新約學者馬歇爾（I. H. Marshall）對這句話的評論是：「這是愛情的語言，它表達出一個愛人，甘願以奉獻自我的行動，來與他所愛的對象分享自己的生命。」[31] 馬歇爾稱保羅所寫的是一種「愛情的語言」，的確是十分貼切，而這個語言所表白的就是那份捨命的愛情。

保羅就算是對一個叫他憂愁和傷心的信徒羣體，仍然懷著這樣一份捨命的情。保羅對哥林多教會的信徒說：「我已經說過，你們常在我們心裏，情願與你們同生同死。」（林後七3）縱然，這個信徒羣體曾懷疑保羅行事的動機（林後一16～17），以及對保羅懷著一顆狹窄的心（林後六12）。保羅對他們的情仍是一樣的真摯和誠懇，正如馬田所指出的，同生同死「是兩個表達出哥林多信徒對保羅是何等重要的動詞」。[32]

五 保羅即世間超世間的情

最後，我們亦可以從即世間超世間這個角度來理解保羅的情。我們在保羅的書信中，可以說是處處皆見李澤厚所指的「世俗中有高遠，平凡中見偉大」[33] 的那份即世間超世間的情。保羅擁有的世俗之情，讓他可以很自然地對哥林多的信徒提到他應得的權利，和作工應得工價的問題。他說：「難道我們沒有權柄娶信主的姊妹為妻，帶著一同往來，彷彿其餘的使徒和主的弟兄並磯法一樣嗎？獨有我與巴拿巴沒有權柄不做工嗎？有誰當兵自備糧餉呢？……我們若把屬靈的種子撒在你們中間，就是從你們收割奉養肉身之物，這還算大事嗎？」（林前九5～6、11）亦是這一份即世間的情使他當眾直斥彼得的錯誤：「在眾人面前對磯法說：『你既是猶太人，若隨外邦人行事，不隨猶太人行事，怎麼還勉強外邦人隨猶太人呢？』」（加二14）這一份情使他關心同伴的病，提及自己因此而起的憂心，以及關注別人由此事而來的擔心。（腓二26～30）甚至，這一份情使他在下監之時，仍然記掛著自己的衣服和書籍，以致他會說：「我在特羅亞留於加布的那件外衣，你來的時候可以帶來，那些書也要帶來，更要緊的是那些皮卷。」（提後四13）我們在這裏只是稍稍的提一提而已，其實在保羅的書信中，到處充滿了這份即世間之情。

不過，對於保羅來說，即世間之情，同時亦是超世間之情。保羅在書信中，隨時會表露出一份超世間的情感。例如，在羅馬書的中間部分，他會突如其來的讚美神：「深哉，神豐富的智慧和知識！他的判斷何其難測！他的蹤迹何其難尋！誰知道主的心？誰作過他的謀士呢？誰是先給了他，使他後來償還呢？因為萬有都是本於他，倚靠他，歸於他。願榮耀歸給他，直到永遠。阿們！」（羅十一33～36）在以弗所書的中間部分，他又一次突如其來的讚美神說：「神能照著運行在我們心裏的大力充充足足地成就一切，超過我們所求所想的。但願他在教會中，並在基督耶穌裏，得著榮耀，直到世世代代，永永遠遠。阿們！」（弗三20～21）

此外，保羅一次又一次將目光放在超越此世的天上之事。例如，他在歌羅西書裏鼓勵信徒要思念上面的事：「你們若真與基督一同復活，就當求在上面的事；那裏有基督坐在神的右邊。你們要思念上面的事，不要思念地上的事。」（西三1～2）他又提醒信徒當以天上國民自居，準備好身體的改變：「我們卻是天上的國民，並且等候救主，就是主耶穌基督從天上降臨。他要按著那能叫萬有歸服自己的大能，將我們這卑賤的身體改變形狀，和他自己榮耀的身體相似。」（腓三20～21）並且，他在帖撒羅尼迦前書中，一次又一次提到主的再臨，將現在的此世與那個超越的來世，緊緊的扣接起來（帖前一10，二19，三13，四15～18，五1～11）。

六 總結：保羅信仰中不可減去的情元素

在上面的探討中，我們先後從三個不同的角度去指出情在保羅信仰中的重要位置。現在，我們就著這些探討，作出以下幾方面的總結。第一方面，就著保羅的信仰內容來說，它是不可能減去情的元素的。就如賴特（N. T. Wright）在論到保羅的神學時所言：「凡相信耶穌福音的人，不是只進入一套對神的新『知識』（認識），而是進入到**神愛**的救贖領域中。真實的一神論*不是*屬於對神的一種思想意見，一項邏輯推論，**而是**向祂的百姓說：**你要盡心愛主你的神**，讓祂『認識』你。」[34] 賴特在此所指出的，正正與我們上面對保羅探討的結果相吻合。保羅的信仰，不是一套客觀知識，一種抽象的意見，或一項邏輯的推論。對保羅來說，信仰的核心部分，乃是進入了神愛的領域，經歷到神救贖的愛，同時又願意以愛來對神作出回應。故此，這種信仰必定不單是一種純粹的知性活動，它更是包含了很重要的情感元素的生命行動。若減去了這些情感的元素，縱使所持守的是純正的一神論信仰，亦不能算是**正確**的信仰。

第二方面，從探索保羅神學的進路看，若減去了情的元素，只會引人往錯誤的路上走。這方面，賴特亦給了我們很重要的提醒。他指出，探討保羅神學的錯誤進路，就是「找尋一套抽象神學架構，使不同書信的各種特性可以符合在假設裏，並從中加以『引申追源』」。[35] 這種進路就是嘗試將保羅信仰中的情感元素抹去，然後進行研究。這種進路，只會做成「窒境重重，難分難解」，在一些「傳統性議題上轉圈子」而已。[36] 賴特自己所提出的進路乃是，「找出保羅在異教徒中所作的工，其中包括他的講道及教導的內容，還有宣教的工作」，因為

「這正是掌管及引導他活在世上的目標所在」。[37] 若將賴特的表達，轉換成李澤厚的詞彙，我們可以稱這種研究的進路，就是要從即世間超世間的向度去探討保羅的神學，這是一種充滿情感的神學進路。它亦吻合愛德華滋所說的，「情感……乃是我們心靈中的傾向和意志更強烈的表現。」[38] 它「不僅叫人辨識事物，而且叫人對所辨識的事物表示愛或憎的傾向；或說……叫人對於所看到的事物，並不是像無動於中的旁觀者一樣，而是必然表示愛憎，喜惡，褒貶。」[39] 研究保羅的神學，便是研究保羅整個生命對信仰的投入，因為是這種有情的神學在驅動著保羅，引領他向著神學所導向的終極目標邁進，同時亦是向著他的生命目標邁進。

第三方面，就著應用的層面來說，重視保羅信仰中的情，會帶來一種新鮮而有力的信仰實踐。我們在這裏要再一次借用賴特對保羅神學研究的成果，作為說明，因為他的研究結果再一次與我們上面的研究吻合。由於他所提出的洞見甚具啟發性，故此，在這裏只好作出較大篇幅的徵引。他所提出的應用：

> 第一，是對自我的重構。現代主義的那個至為重要的自我、驕傲、自恃、可知一切和自我肯定，都已經被解構為一堆漂浮的符號……若有人在基督裏，他就是新造的人！不是『我思，故我在』，而是『我被愛，故我在』（Amor, ergo sum）。那正是保羅在加拉太書、哥林多前書和尤其是羅馬書的重點所在。第二，是對認識的重構。現代主義斷言能夠客觀認識事物。後現代主義已暴露了那個斷言是一個權力遊戲（power-play）。

> 但對保羅而言……基督徒最基本的認識方法是愛。在愛中,那位去愛的人同時肯定了那位被愛的對方(the Otherness),以及他們彼此對對方(Other)的深深投入。這帶領我們超越了主體/客體的界分(以及把一切東西虛假的歸約為貨幣和商品),和進入一個認識論的世界,它將會因著我們開始以一個新的方式,在這個新世紀中生活,而產生無可估量的影響。第三,是那偉大故事的重構。現代主義、進步和啟蒙運動的宏大敘事(grand narrative)已經在大部分地區失去了動力……但再一次,保羅所講的故事——和同樣重要的是他每天活出的故事——乃是一個愛的故事,而不是權力的故事……這是一個帶有能力的故事,但它的能力只在軟弱中才顯得完全。這個十字架的吊詭之處,便是新的宏大故事的重要主題,使它只要忠於自己,便永遠不會被狡詐的人扭曲去牢籠愚昧的人……那就是這個故事。那就是一切知識的基礎。保羅便是邀請我們站在這塊石頭上,使自己成為新人、被召、稱義和得榮耀,並且,我們由此進到危險之地,負起活出、認識和傳講這個令人振奮信息的任務。因此,在這二十一世紀,有關保羅書信的詮釋問題,很可能不太關乎理解的問題,而是關乎勇氣的問題。[40]

有情的保羅,同時是一個有勇氣的保羅。繼承這份情的信徒,亦會成為一羣有勇氣的當代信徒!故此,情的元素,在信仰中絕對不能被減去!

註釋：

1. 例如 Herman Ridderbos, *Paul: An Outline of His Theology*, trans. John Richard de Witt (Grand Rapids: Eerdmans, 1975); James D. G. Dunn, *The Theology of Paul the Apostle* (London: T & T Clark, 1998); Thomas R. Schreiner, *Paul, Apostle of God's Glory in Christ: A Pauline Theology* (Downers Grove, Ill.: IVP / Leicester, England: Apollos, 2001)。
2. 例如 Ben Witherington III, *Paul's Narrative Thought World: The Tapestry of Tragedy and Triumph* (Louisville, Kentucky: Westminster/John Knox Press, 1994); C. K. Barrett, *Paul: An Introduction to His Thought* (Louisville, Kentucky: Westminster/John Knox Press, 1994)。
3. 例如 F. F. Bruce, *Paul: Apostle of the Free Spirit*, rev. ed. (Carlisle: Paternoster, 1980); Ben Witherington III, *The Paul Quest: The Renewed Search for the Jew of Tarsus* (Downers Grove, Ill.: IVP, 1998); James D. G. Dunn, ed., *The Cambridge Companion to St Paul* (Cambridge: CUP, 2003)。
4. Witherington, *The Paul Quest*, 174.
5. Witherington, *The Paul Quest*, 174.
6. 金庸：《神鵰俠侶（一）》（香港：明河社，1976），頁31。
7. 金庸：《神鵰俠侶（四）》（香港：明河社，1976），頁1580～1581。
8. 李澤厚：《波齋新說》（香港：天地圖書，1999），頁41。
9. 李澤厚：《波齋新說》，頁57～58。
10. 李澤厚：《波齋新說》，頁58。
11. 愛德華滋（Jonathan Edwards）著，謝秉德譯：《愛德華滋選集》（香港：基督教輔僑，1960），頁168。
12. 愛德華滋著，謝秉德譯：《愛德華滋選集》，頁168。
13. 愛德華滋著，謝秉德譯：《愛德華滋選集》，頁168。
14. 愛德華滋著，謝秉德譯：《愛德華滋選集》，頁168。
15. 愛德華滋著，謝秉德譯：《愛德華滋選集》，頁169～170。
16. Ralph P. Martin, *2 Corinthians*, WBC 40 (Waco, Texas: Word Books, 1986), 36.
17. Ben Witherington III, *Conflict & Community in Corinth: A Socio-Rhetorical Commentary on 1 and 2 Corinthians* (Grand Rapids: Eerdmans/Carlisle: Paternoster, 1995), 364.
18. George W. Knight III, *The Pastoral Epistles*, NIGTC (Grand Rapids: Eerdmans/Carlisle: Paternoster, 1992), 368.
19. John R. W. Stott, *The Message of Timothy & Titus*, BST (Leicester: IVP, 1973), 28～29.
20. 愛德華滋著，謝秉德譯：《愛德華滋選集》，頁169～170。
21. Frank Thielman, *Theology of the New Testament: a Canonical and Synthetic Approach* (Grand Rapids: Zondervan, 2005), 236.

22. Thielman, *Theology of the New Testament*, 236.
23. 參 Thielman, *Theology of the New Testament*, 236 的解釋。
24. 愛德華滋著，謝秉德譯：《愛德華滋選集》，頁170。
25. Thielman, *Theology of the New Testament*, 328.
26. 湯姆·賴特（Tom Wright）著，白陳毓華譯：《再思保羅神學爭議》（台北：校園，2000），頁128。
27. 愛德華滋著，謝秉德譯：《愛德華滋選集》，頁168。
28. 金庸：《神鵰俠侶（四）》，頁1580～1581。
29. Douglas Moo, *The Epistle to the Romans*, NICNT (Grand Rapids/Cambridge: Eerdmans, 1996), 557.
30. Moo, *The Epistle to the Romans*, 558.
31. I. Howard Marshall, *1 and 2 Thessalonians*, NCBC (Grand Rapids: Eerdmans/London: Marshall Morgan & Scott, 1983), 71.
32. Martin, *2 Corinthians*, 219.
33. 李澤厚：《波齋新說》，頁57～58。
34. 賴特著，白陳毓華譯：《再思保羅神學爭議》，頁97～98（強調為筆者所加）。
35. 賴特著，白陳毓華譯：《再思保羅神學爭議》，頁126。
36. 賴特著，白陳毓華譯：《再思保羅神學爭議》，頁120。
37. 賴特著，白陳毓華譯：《再思保羅神學爭議》，頁120。
38. 愛德華滋著，謝秉德譯：《愛德華滋選集》，頁168。
39. 愛德華滋著，謝秉德譯：《愛德華滋選集》，頁168。
40. N. T. Wright, *Paul: Fresh Perspectives* (London: SPCK, 2005), 173～174.

6

聖經人物研究：巴拿巴——柔情善牧的典範

翁靜淳

寫在前面的感言

想起事奉神的情，腦海當然想到褚永華牧師的種種事奉及待人接物的氣質，同時也讓我聯想起使徒行傳中的「巴拿巴」，希望透過研究巴拿巴的一生（聖經人物查考），讓我們對事奉者的情有更具血肉實體的領受和體會，同時作為獻呈給褚牧師六十壽辰的禮物，藉此見證牧師數十年如一日般柔情善牧的事奉生命，並引為我們學習的榜樣。是頌是禱！阿們！

一 引子

一般來説，巴拿巴給人的印象，似乎已經有了公認的定論，如：勸慰子、是個好人、被聖靈充滿、大有信心、保羅的伯樂、稱為約翰的馬可的親屬（西四10）與鼓勵者等等。但大多數的分析和研究，都是從使徒保羅的角度軸線（路加寫作的重點）來描述，卻較少從巴拿巴本人的角度來了解；其次，大部分的討論都是從事件中作獨立的分析，缺乏了生平時序的因素；最後，對於巴拿巴在「安提阿事件」中裝假一事（參加二13），大多都略而不談，或輕輕帶過，讓我們有一點兒遺憾及不足的感受。導致我們對巴拿巴的了解較為傾向單向與平面，少了將所有經文作整體式互動詮釋，及從一個人的生命時序來了解及認識。原因是我們只從聖經現有的角度和定位來了解，並沒有從巴拿巴的角度來解讀，更失去理解人物生平的重要因素——時間與場景，以及事件與事件之間的互動關係。

本文的目的在於運用新約聖經中與巴拿巴有關的經文，[1] 按時間的先後次序，重新整理出以巴拿巴生平為主軸的生平記錄，從而整體性地分析巴拿巴本人的性格與特質，評論他的事奉特色，特別是作為牧者的事奉特質，與及對新約教會的影響與意義等。

二 聖經經文的時序

筆者首先必須承認，新經聖經中有關巴拿巴的記載是非常有限，加上整個記載都是以保羅為角度及軸心的，甚至連巴拿巴的說話內容也欠奉，充其量我們可以將使徒行傳十四章15至17節中的說話者歸為巴拿巴，但也只不過是一次而已。換言之，這些材料實在並不讓我們可以為巴拿巴作出一個完整性的個人履歷表，更不能將他的個人立場及處境完全的陳明。但這並不代表我們不能夠運用現時僅存的資料，採取另一角度，透過當事人的實際行為和表現，按著發生的時間次序、事件的情節、場景及因由，作出較為合情合理的分析及解讀，讓我們還給巴拿巴一個更合理公正的評價—— 柔情善牧的典範。

在新約聖經中，與巴拿巴直接及間接有關的經文，按時間的編排，[2] 次序如下：

次 序	事 件	經 文	公元（年）
1	保羅出生（根據「少年人」及「有年紀的」來推算）	徒七58；門9	5
2	耶穌基督公開傳道，受苦，埋葬，復活及升天	四福音；徒一章	28～30
3	少年人馬可的出現，見證耶穌受苦	可十四51	30
4	五旬節與耶路撒冷教會被建立，福音廣傳	徒二～五章	30～33
5	利未人約瑟信主與被稱為巴拿巴，並奉獻所有	徒四32～37	30～33
6	揀選及按立七位執事	徒六章	32～33
7	司提反殉道	徒七54～60	33
8	少年掃羅的出現	徒七58	
9	耶路撒冷大遭逼迫	徒八1～3	33～35
10	掃羅蒙召	徒九1～19	34～35
11	掃羅往亞拉伯曠野及大馬士革退隱三年	徒九20～25；加一16～17	35～37
12	掃羅前往耶路撒冷	徒九26	37
13	巴拿巴的接待和引介	徒九27～29	
14	與彼得住了十五天	加一18～20	
15	掃羅往敍利亞及基利家（大數），預備十年	徒九30；加一21	37～42
16	安提阿教會的產生與興旺	徒十一19～22	
17	彼得向外邦人傳福音	徒十1～十一18	40～41
18	巴拿巴被差往安提阿教會視察與事奉	徒十一23～24	41～42

19	巴拿巴前往大數找掃羅	徒十一25	42
20	巴拿巴與掃羅在安提阿事奉一年	徒十一26	42～43
21	亞迦布預言饑荒	徒十一27～28	43～44
22	巴拿巴和掃羅受託往耶路撒冷作賙濟之旅	徒十一29～30	
23	巴拿巴和掃羅約見雅各、磯法和約翰一事	加二1～10	
24	巴拿巴和掃羅帶同馬可返回安提阿，並在安提阿教會事奉	徒十二25	44～46
25	巴拿巴和保羅受聖靈被差派出外佈道	徒十三1～3	46～48
26	巴拿巴和掃羅連同馬可開始第一次宣教行程	徒十三4～十四26	
27	掃羅轉稱為保羅	徒十三9	
28	保羅取代巴拿巴作為宣教隊伍的領袖，馬可離隊	徒十三10～13	
29	路司得人稱巴拿巴為丟斯，稱保羅為希耳米	徒十四12	
30	巴拿巴和保羅返回安提阿教會彙報及事奉	徒十四26～28	48～49
31	彼得前往安提阿，並與巴拿巴一同作假	加二11～21	49
32	保羅寫加拉太書[3]		49
33	保羅和巴拿巴前往耶路撒冷開會	徒十五1～30	49～50
34	保羅和巴拿巴，連同猶大和西拉一同返回安提阿教會事奉	徒十五31～35	
35	保羅和巴拿巴因馬可而分開	徒十五36～41	50～52
36	保羅寫哥林多前書，提及巴拿巴不以福音養生見證	林前九1～14	55
37	保羅寫歌羅西書，提及與馬可在一起，肯定他的生命	西四10	60
38	保羅寫腓利門書，稱呼馬可為他	門24	

	的同工		
39	保羅寫提摩太後書，特別吩咐提摩太要將馬可帶來，公開宣告他在保羅的傳道事奉上有益	提後四12	67～68
40	保羅殉道		
41	耶路撒冷被毀		70

三 分析與評論

透過上文相關經文的編排及時序，按著有關聖經的內容，進行觀察，研究，解讀與分析，並以巴拿巴為焦點，有下列的描述及評論。

1. 背景與特質：柔情善牧的氣質

巴拿巴本名約瑟，首先出現的地方是使徒行傳四章36節。他是一個系出名門的人，出生於塞浦路斯的猶太移民家庭。他有美好的猶太人血統，屬於利未支派（事奉神的支派）的後人。不但如此，他的家族頗富有，[4] 相信他不但在塞浦路斯有田產，按路加的描述，他在耶路撒冷地區應該也有田地，他才可以變賣這些田地，全數拿來奉獻給教會（徒四37）。他的奉獻，表明他對信仰的認真，對聖靈的順服，及對耶路撒冷教會的服從。

根據巴拿巴當時的身分及財富，和全然奉獻的決定與行動，他是年齡大約不會少於四十歲的成年人，可能會更大。再根據在第一次宣教旅程當中，路司得人對使徒二人瘋狂的反應中，巴拿巴被稱為「丟斯」，而掃羅被稱為「希耳米」一事（徒十四12），筆者可以肯定巴拿巴的年齡一定要比保羅的為大，甚至可用父子的情況來形容二人的年齡差距，可能最少十數年，甚或二、三十年也說不定。[5] 相比之下，保羅應當是一位年青的傳道人，年齡大約與馬可相約（參可十四51；徒七58），二處經文同樣用"νεανίσκος"「少年人」來形容他們，而這字泛指所有年齡介乎二十至四十歲的青年人，可能馬可會比保羅為年青，但不應相差太遠，故此，二人應為血氣方剛的熱血青年。

至於巴拿巴的婚姻及家庭情況，我們所知的實在不多。但根據保羅在哥林多前書中引述巴拿巴作為不以福音養生的例子看來，按上文下理的分析，巴拿巴可能與保羅一樣，都是獨身人士一名。[6] 至於到底有沒有結婚，有沒有妻兒，則沒有定論，但最少他們都是沒有妻兒伴隨事奉主的人士，故此可以較為自由的行動，為福音全然擺上，討主的喜悅（參林前七32～33）。

至於巴拿巴從事甚麼行業，有甚麼技能，我們全不知情，也無從得知。

當他信主之後，他便很投入教會生活，成為一個熱心追求事奉的信徒，並且滿有恩賜，得到使徒們的賞識和肯定，冠以「巴拿巴」"Βαρναβᾶς"這一美名，從此路加更以此名代替了他原來的名字：「約瑟」。「巴拿巴」這一希臘文名字，乃一組合的名字，第一個「巴」是「兒子」的意思，「拿巴」是作先知之意，故此，合起來就有「先知之子」的意思，明顯地，不是說他父親是一個先知，而是他擁有「先知般」的能力和恩賜，擅於說話及表達，[7] 或可以傳達神的啟示（參徒十三1）；[8] 當然，路加在該段描述中還加入了他的註解：「巴拿巴翻出來就是勸慰子[9]」（徒四36），但這個註解並非按字直譯，乃是意譯，表明他運用這美好的恩賜在於勸慰鼓勵和幫助別人的事情上。事實上，二者皆可以很傳神的描述巴拿巴這個人的特質和生命。

路加在描述巴拿巴前往安提阿教會視察及審視的段落中，特別加插了一節很正面或公正的評價：「這巴拿巴原是個好人，被聖靈充滿，大有信心。於是有許多人歸服了主。」（徒十一24）路加的評價有三個重點：

i. 是個好人：「好人」的「好」字原文為“ἀγαθὸς”，其意特別是指向內在美善的素質（個人的品格）；[10]
ii. 聖靈充滿：與初期教會選舉執事的要求一樣，是樂意接受聖靈的教導，順服聖靈的管理及帶領的生命（參徒二4，六3）；
iii. 大有信心：是信靠神的行為表現，忠心忍耐的成就神所要成就的事。

以上重點有一個結局：許多人歸服了主。是有果效的事奉，有能力的事奉。

最後，藉著耶路撒冷會議時，主的兄弟雅各給巴拿巴和保羅的評語：「這二人是為我主耶穌基督的名不顧性命的。」（徒十五26）好一句「不顧性命」，除了是給保羅的生平寫照外，也切合形容巴拿巴的一生，他更是默默無聲地、為人犧牲、為主而活、不顧性命！

2. 信主與事奉：柔情善牧的操練

巴拿巴是如何信主的？路加並沒有記錄，因為這不是他筆觸的焦點。但按路加記載的字裏行間及脈絡看來，巴拿巴應該是在「美門事件」的前後信主的（參徒三～四章）。

由蒙恩信主，到前往安提阿教會事奉期間，巴拿巴在耶路撒冷教會已經參與事奉超過十年了，而且廣為人知，更為使徒所信任。從他信主的年日起計算（公元三十～三十三年不等），到他在轉介掃羅給教會使徒認識時，大約已經信主三至五年不等。在這些年間，他透過積極的事奉，特別是賣家產全然奉獻，具體地表達他真心信靠主及順服聖靈的感動，亞拿尼亞與撒非喇夫婦二人欺哄聖靈的行為（徒五1～11），正是反面的寫照。

在選舉七位執事的過程中，為何沒有巴拿巴的分兒，看似是一個無關重要的問題，但卻是一個很值得我們討論的課題。初期教會當時所需要的人才，不是那種有安慰教導恩賜的，而是那些懂得行政管理及處事果斷公正的。明顯地，巴拿巴並不是這種人才，他的恩賜剛好相反，非常重視感情與關係，故此，他沒有當選並非因為他沒有「好名聲」、沒有被「聖靈充滿」（參徒十一24）及沒有「智慧」，只是恩賜不適合而已。

巴拿巴與耶路撒冷教會的關係非常密切，我們可以從司提反殉道後，耶路撒冷教會被迫害，門徒四散這一段時間（參徒八1～3），巴拿巴仍然留在耶路撒冷這一行動可見一斑。他並非沒有後路可退，因為他大可以返回自己的老家塞浦路斯（這是第一次宣教旅程的地點），相信也非經濟因素導致不能行，而是完全因為關心神的事工及耶路撒冷教會的安危，而與使徒們（徒八1）一同留守在耶路撒冷教會。由此可見他的膽量和勇氣，信心和忠心！

最後，到了掃羅蒙召悔改後三年，前來耶路撒冷要與門徒相交，求見使徒被拒時，巴拿巴完全可以發揮他的恩賜與才幹—— 勸慰子的本色（辨別和勸慰），成功地接觸及接待了掃羅。他詳細了解掃羅的生命經歷與改變後，運用自己與耶路撒冷教會的關係及名聲，成功地幫助掃羅排除萬難，引介他與使徒見面，建立關係，與弟兄們一同出入（徒九27～29）。好一位熱心、有見識及有安慰恩賜的巴拿巴，能夠不畏危險及誤解，或被人利用的嫌疑，公開接納及引介一位曾經全力反對及逼迫教會、信主才三年的年青人給耶路撒冷的教會，與使徒及門徒見面。這樣的行動已經清楚表明巴拿巴的過人之處及吸引人的地方。

3. 受差與承擔：柔情善牧的心腸

面對著安提阿外邦教會竟然能在耶路撒冷教會受逼迫後興起，耶路撒冷教會眾人在不知個中情況，深怕信仰有變，特別差派巴拿巴代表耶路撒冷教會探訪安提阿教會，了解他們的情況。巴拿巴再一次發揮神賦予他的恩賜—— 辨別和勸慰的恩賜，但這次不再停留在耶路撒冷，而是第一個以外邦人為主的教會—— 安提阿，一個位於耶路撒冷以北三百英里的地方。巴拿巴受差前往安提阿教會作評審與確認的工作，除了反映巴拿巴在耶路撒冷教會的重要性和事奉的能力、聲譽和恩賜外，可能還涉及他本身就是移居塞浦路斯的猶太人，而安提阿教會一定也有很多從塞浦路斯而來的信徒（參徒十一19～20）。事實上，巴拿巴不但能順利完成使徒們所託付給他的使命，他還自動發揮牧者的本色，看見安提阿教會的需要，負起牧養這羣初生的信徒的使命和責任（徒十一23～24），甘心樂意成為他們牧者，實在是一位名副其實的柔情善牧。

在回應安提阿教會的需要時，也令他想到大約十年前返回大數家鄉的掃羅，相信現時已經有很多人忘記了掃羅。但是這時候的巴拿巴，卻還念念不忘掃羅的生命特質與恩賜，看見安提阿教會正是缺乏這樣的一位教師，於是坐言起行，事前並沒有徵詢耶路撒冷教會的意見，這位年屆中年又富有經驗的巴拿巴，不怕路遠，專程從安提阿前往大數，四處尋找退隱在家鄉的掃羅，並盡其勸慰子的本色向掃羅分享安提阿教會的需要，鼓勵他前來參與事奉。可幸當時年屆成年的掃羅回應呼召，答允巴拿巴的邀請，一起牧養安提阿這間新興教會。這種處處為他人著想，盡所能的讓別人有發揮恩賜事奉神，提供機會讓別人成長的心胸和氣魄，更重要的，是他事前可能還不確實知道這位闊別十載以上的掃羅，現時的光景怎樣，還是照樣的前去邀請，向掃羅的生命投下信心的一票，這正是身為牧者所需要有的特質—— 信任和肯定同工。

經過了一年的事奉和教導，安提阿教會在巴拿巴和掃羅的牧養下，信徒生命突飛猛進，質與量齊增長，我們可以從三方面來解讀和印證：

i. 信徒被稱為基督徒：教外的人士對安提阿教會的信徒作出批評，譏諷他們為基督徒（徒十一26），這個批評其實表明他們的生活，充分見證那位為我們釘十架的耶穌基督的生命。

ii. 賑濟耶京教會饑荒：在往後的兩年期間，透過亞迦布的饑荒預言，安提阿教會義不容辭，全力參與，各人按能力捐獻，回饋性地關懷耶路撒冷教會的需要，並託付巴拿巴連同保羅將有關款項一同帶往，確保能順利完成（徒十一27～30）。

iii. 澄清因信稱義信仰：趁著這次赴耶京的機會，保羅也得著神的啟示，為了澄清外邦人信主的條件與需要，特地帶同外邦信徒提多前往，作為外邦人信主的證明，希望藉此機會與雅各、磯法和約翰三位使徒見面，交通有關事宜，免得他所傳的福音落了空。結果得到使徒們以「用右手行相交之禮」[11] 的確認，表示支持與合作，這次是保羅信主後第二次的前赴耶路撒冷，相距第一次已經有十四年之久了（加二1～10）。

結果，一切皆能順利的完成，在回程的途中，巴拿巴特地帶稱為馬可的約翰一同回來，參與事奉（徒十二25）。凡此種種，皆說明了安提阿教會已經完全成熟，可以接受聖靈更大的差遣和使命，成就神的普世救贖的事工（徒一8，十三1～3）。他們返回安提阿之後，繼續事奉了三年。

4. 使命與宣教：柔情善牧的氣量

公元四十六年，神的時候到了。安提阿教會的領袖五人組在一起事奉禁食尋求神的旨意時，聖靈啟示他們：「要差派巴拿巴和掃羅出外，做神召他們所做的工。」（徒十三1～3）路加沒有明說聖靈到底是向誰發出這個啟示，是同時間向五人啟示嗎？還是先向一個人發出啟示，而其他人一同確認這啟示呢？一般性的理解，這個啟示應當是給掃羅的（這是從保羅的角度），這又與掃羅蒙召時的呼召吻合。但路加並沒有明確地說明，而事實上也不是適當的時候由掃羅來主導整個宣教隊伍。雖然我們不能確定知道誰是首先得著啟示，但透過路加的寫作慣例，我們可以得到下列的結論：

i. 保羅一定不是首先得到啟示的那位，因為若是聖靈向保羅啟示，路加一定會如實詳盡地記錄，如同記錄他的蒙召經歷一樣。
ii. 巴拿巴仍是整個團隊的領導：巴拿巴的名字被列在五人之首，負責帶領和管治。
iii. 巴拿巴是領受及確認神啟示的人，他被列在先知的位置上，因為路加的記載是先「先知」後「教師」，而在五人組名單之中，路加的排列方式是3+2的方式。那個意思清楚不過的說明了前三個是先知的位分，後兩個是教師的位分，故此他應當是處於先知的位分。
iv. 我們清楚的說，巴拿巴也是被神所差派參與普世宣教的工具之一，在神的計劃中有分，而非讓保羅專美「去做我召他們所做的工」（徒十三2）。

結果安提阿教會在聖靈的啟示、領導層的領受、會眾的順服和巴拿巴的帶領下，教會同心按手在巴拿巴和掃羅身上，差派他們出去傳福音（徒十三3）。明顯的，這一次的宣教旅程是以巴拿巴為首和為核心的，因此稱呼馬可的約翰也參與在其中，作為助手（徒十三5）。再加上宣教隊的第一站，竟然是巴拿巴的出生地「塞浦路斯」，更凸顯了巴拿巴的領導。若按路加的記載，沿途好像沒有甚麼大事發生似的，平淡無事。一直到了帕弗，路加才詳細記錄所發生的事情，其中重要的原因有四：

i. 掃羅（猶太名稱）的名稱改為保羅（羅馬名稱），自此，路加一直以保羅這名字來稱呼他（徒十三9）；
ii. 保羅被聖靈充滿，責備以呂馬（又名巴耶穌，行法術者），使他雙目失明，導致方伯相信耶穌（徒十三6～12）；
iii. 由現時開始，整個宣教團隊改由以保羅為核心，巴拿巴反成為協助保羅的副手，情況有點令人感到非常突然。從路加的用字遣詞，我們便可以看到這一點。由使徒行傳十三章9節開始，路加均以保羅居首：「保羅和他的同人」（徒十三13），或「保羅和巴拿巴」（徒十三46、50，十五2等），除了有三處地方例外（徒十四14，十五12、25，這三處經文的下文再作處理）。
iv. 是稱呼馬可的約翰無故的離開，獨自返回老家耶路撒冷（徒十三13）。路加在此完全不加任何註腳和解釋，讓人有點兒摸不著頭腦，似乎他不肯為這件事情加上任何評論，或是有點難言之隱，不便表白。事實上，路加這樣的描寫，更讓人有思想的空間。為何路加不清楚記錄？是馬可本身出問題（這是一般解經家的立場）？[12] 或是因為整個宣教隊伍出現了突變，領導的位置由巴拿巴轉往保羅，導致與巴拿巴有關係的馬可產生不滿與反感，因而離開？（留意：保羅與馬可的年紀相仿，差異不多。）為何保羅沒有任何反應或行動呢？是否意味著保羅和巴拿巴二人也發生問題呢？從路加這樣完全靜默的記錄方式，更加顯出了事態的嚴重。事實上，馬可離開的原因十分耐人尋味，值得我們探究，因為及後保羅和巴拿巴二人也是因為馬可的緣故分道揚鑣（徒十五36～39），各自為主到處宣揚福音。

相比起馬可的反應，巴拿巴的反應令人出乎意料之外。從宣教行程的下半部看來，巴拿巴完全沒有任何的不滿和反感，他反而繼續參與行程，接受由這位比自己年輕十多二十年的保羅領導，與他合作，服從他的指派，如常「講道」（徒十三42～43）、「放膽」説話（徒十三46～49，十四3），繼續前行，一直到旅程的盡頭，情況好像是他主動的將領導的位分交託出來一樣，完全沒有異樣，實在令人欽佩。

不但如此，巴拿巴還在危急的關頭，在路司得挺身而出，制止羣眾因保羅行神蹟醫治一個瘸腿的人而起的敬拜使徒行動（徒十四8～18）。筆者認為此段應該是巴拿巴作為平靜民眾的主要演講者，原因有三：

i. 路加在此將巴拿巴重新放在保羅前頭（徒十四14），説明了巴拿巴在這個危機困局的情況下，重新站在領導的位置。

ii. 此段説話的目的，似乎在於平伏羣眾的熱情頂沸的情緒，是一段溫柔話，這與巴拿巴的風格相似，也與他的恩賜——勸慰者吻合。

iii. 羣眾認為巴拿巴為丟斯：面對這突如其來的舉措，實在令保羅感到異常的驚訝，再加上路司得的羣眾認為巴拿巴就是丟斯的化身，故此，巴拿巴站出來宣告和平伏民情，也是理想的人選。

故此，筆者認為這段說話應是由巴拿巴作為主要表達者較為合理。若是筆者的解讀合理，更讓我們對巴拿巴的為人，有更深入的了解和認識，並更尊重這位柔情善牧的氣魄了。

當保羅和巴拿巴返回安提阿教會，彙報了行程之後，繼續在安提阿事奉。筆者深信，巴拿巴一定不會重提馬可離隊及途中轉換領導的事宜，保持緘默，讓神的事工繼續發展。

5. 誤解與包容——柔情善牧的容量

若按使徒行傳的記載，理應處理前往耶路撒冷開大會的事件。但根據保羅在加拉太書二章11至21節的描述，到了所謂的「安提阿事件」，內中保羅除了不留情面地責備磯法（彼得）弄虛作假，看人情面之外，還特別點名提到巴拿巴：「甚至連巴拿巴也隨夥裝假」（加二13）。整件事件似乎已經很明顯：彼得犯錯，前來安提阿探望教會時，表現前後不一，看人的情面，在人的面前裝假（參加二11～13），而且還連累了其他猶太人一同裝假，包括了在安提阿的巴拿巴。從保羅的語氣中看來，似乎巴拿巴的行為，最令保羅失望。呂振中的翻譯十分傳神：「甚至巴拿巴也被他們的假裝所帶走」（加二13下）。這正是我們要問的問題，為甚麼在安提阿事奉的巴拿巴，竟然會受到由耶路撒冷下來的彼得所影響，改變了他平日已經習慣的方法，與外邦人同桌吃飯呢？是否真如保羅所言，他也不贊成因信稱義的福音，改而堅持要加上割禮才可得救呢？還是另有內情呢？只可惜我們不能聽到從巴拿巴而來的立場，不能清楚了解他的情境及原因。但筆者有下列的看法，作為我們探討的重點：

i. 從保羅的語氣，正好讓我們知道這是巴拿巴不會做／不應做的行為，所以他這樣做，令到保羅極為不滿和感到詫異。
ii. 可能巴拿巴因為是耶路撒冷教會所差派的使者，前來安提阿了解和事奉，故此，現時耶路撒冷教會有人差來探望，理應抽空相伴，隨待在側，盡上地主之誼，這是合情合理之事。故此，當彼得因感到受雅各派來的人的壓力，而漸漸「退去」（退縮意，原文為過去未完成式），不與外邦人一起吃飯時，巴拿巴也迫不得已地相伴，導致保羅的責備和不滿。
iii. 按照巴拿巴本人「勸慰者」的性情與「好人」特質，實在是較為傾向息事寧人的做法。
iv. 當時只是因為「同桌吃飯」的問題（本身可能與不同的文化或習慣有關）。事實上，對從耶路撒冷而來的信徒來看，他們習慣是不與外邦人一同吃飯，這是一件「平常的事」，當然對在安提阿教會的外邦信徒而言，他們肯定會認為是一種「被隔離」或「被侮辱」的事情。彼得的昨是今非的行為，正好説明了這種矛盾的心情。這與他在異象中所持的態度相合，正是這種不敢吃用的態度（參徒十9～15）。

v. 但按保羅的觀點和看法，他視這樣的行為與「行割禮才可以得救」有關（參加二12），故此緊張非常，直斥其非（包括彼得和巴拿巴），加拉太書二章5節正好說明保羅的心態：「我們就是**一刻的工夫也沒有容讓順服他們**，為要叫福音的真理仍存在你們中間。」但問題就是，當時的情況是否如保羅所看的那麼嚴重呢？事實上，巴拿巴本身並不是一個不懂得分辨是非黑白的牧者，而且他也與保羅多年一起同工，彼此皆清楚了解福音的內容，怎會如此輕易地改變立場呢？再加上在使徒行傳十五章2節中，路加清楚的記錄：「保羅、巴拿巴與他們（那些主張行割禮的人）大大地紛爭辯論。」故此，筆者的看法是巴拿巴實在是另有其看法和立場，而這事本身與行割禮可能沒有太大直接的關係，而將他跟隨彼得不同桌吃飯的行為解作支持行割禮才得救的立場，或在自己的立場下撤退，可能有點過分。

聖經沒有記載巴拿巴的感受與回應，但無論如何，巴拿巴在這次的表現中，可能有不盡完美的地方，或是有不夠堅定的態度，或是有看得不深入的可能性，但他應當沒有刻意主動接受割禮作為外邦人得救的看法與立場，這是非常肯定的。

到了使徒行傳第十五章，也就是著名的耶路撒冷會議的一章，路加清楚的說明了巴拿巴的立場，結果安提阿教會做了一項重要的決定，就是要派代表前往耶路撒冷教會，正式理清外邦人得救是否需要加上割禮一事。一行數人，以保羅及巴拿巴為首，前赴耶路撒冷開會，沿途仍然繼續向人分享外邦人歸主的事，激勵門徒（徒十五3）。在開大會的時候，基於巴拿巴在耶路撒冷仍然比保羅更為熟識，而且有美好的脈絡，所以巴拿巴也樂意地向各與會人士分享神在外邦人當中所行的神蹟奇事（徒十五12）。在雅各的結案陳詞及建議中，同樣也順著熟識的程度，委任巴拿巴及保羅返回安提阿教會中宣告美好的消息。

比對加拉太書二章保羅對巴拿巴的責備，和使徒行傳十五章巴拿巴的積極捍衛因信稱義的道理，最少令讀者看見巴拿巴本人的大量寬宏，胸無城府，不記仇也不抱怨，努力忠心的事主，並且處處成全同工，發展更美的生命，巴拿巴的容人之量實在驚人。

6. 擇善與堅持：柔情善牧的榮耀

到了路加記載巴拿巴最後的一段經文，也是最令人感到無奈的事件，保羅及巴拿巴二人因為馬可的緣故，起了「爭論」（和合本），「各持己見」（新譯本），「劇烈地爭執」（現代中文譯本），最終導致二人分開，從此不再合作，實在令人惋惜。要評論誰是誰非，殊屬不易，因為個中原因及理據，未能完全掌握。但若我們能平心靜氣的分析和客觀持平的了解觀察，巴拿巴應該更值得同情與肯定，原因如下：

i. 按照使徒行傳的記載，路加有提到保羅的立場與看法（參徒十五38），惟獨沒有提到巴拿巴的立場與理據，有欠公允。
ii. 巴拿巴一直給我們一好好先生的印象，不容易動怒，更加不會作無理的堅持，這是我們可以看到的；相反我們看保羅是一個非常進取積極的人，凡事堅持到底，誓不罷休，較易動怒。若然有一事情可以令到好好先生也會堅持到底，絕不讓步，寧可拆夥也不能退的立場，那麼該件事情一定是非常重要的事情了。

iii. 巴拿巴流露出一種始終如一、忠於自己的堅忍精神和毅力，對人生命的執著與重視，永遠給人機會，鼓勵別人忘記背後，重新向前的特質，完全沒有改變。昔日他是如何給機會保羅，不單是接待他，助他引見使徒，還從老遠請他出來事奉神，今天同樣給機會馬可，讓他不要在自己的不滿和失敗中沉悶下去。這是一致的表現，是公平的關愛，理應如此！

iv. 結果我們發現，馬可果然成為一位新約聖經很出色的傳道者，不但重修與保羅的關係，更可以成為保羅的同工（門24），常與保羅同在（西四10），成為了保羅所關愛的人，並在他人生最後的階段中仍想見面的人，因為馬可於保羅的事奉有益（提後四12）。可也成為彼得的乾兒子（彼前五13），及後更透過彼得的提供材料，寫下第一本福音書：馬可福音。深信是保羅昔日萬萬也想不到的事情！

v. 保羅及後也接納馬可，而且特別關愛，處處照顧有加，已經說明了誰是誰非的答案了。

話得說回來，今時今日我們仍然很難判斷誰對誰錯的問題，因為保羅的講究原則，要求嚴格的精神，可能對馬可的成長產生奇妙的作用，加上巴拿巴的柔情似水的關愛，鼓勵和支持，都會對馬可的生命有所影響。但有一點筆者可以肯定的，就是巴拿巴的特質，正是生命成長中最重要的特質——永遠鼓勵和支持。這是柔情善牧的榮耀，得勝的榮耀。

四 總結

除了使徒行傳的記載外，聖經再沒有記載巴拿巴的事蹟記載了（只有零星的記載：保羅在加拉太書中的責備、哥林多書中的見證及哥羅西書），我們對巴拿巴以後的生活所知不多，甚至可以說絕無僅有。

巴拿巴不是在十二使徒之內，他也沒有甚麼個人顯赫的成就，但巴拿巴的生命與事奉，卻對整個基督教會及新約聖經世界，產生難以估計的效用；他對生命的投資，對別人生命的影響之大，影響之深邃，是人無法想像的。

總結巴拿巴的一生影響及成就，分述如下：

i. 他將自己所有的投在神的手中，無論是田地財產，自己的生命與生活，恩賜與能力，家庭與時間，全然奉上，值得肯定和學效，全心全意的信靠神，事奉主。他最大的榜樣，就是有時候甘冒被誤會、被錯解的危機，擇善固執，堅忍不屈，也要鼓勵和支持生命的成長，對個人生如是，對教會需要如是。可能有些事情，黑白對錯，並不容易分辨整理，也非一時間可以看清，但他還是如常的事奉，將一切交給神手中，忠心的事奉，默默的耕耘，用心的服侍，全然發揮勸慰子的生命。

ii. 他對安提阿教會的支持及參與，已經大大超越了一個耶路撒冷教會的使者，而更是一個落實關愛的牧者，與信徒一同生活，一同學習。遇到不足或需要時，更樂意引介保羅的加入，最後甚至取代了自己的位置，一切都是為了神的家和神的國度。透過安提阿教會的成長和發展，順服和擺上，福音可以廣傳普世，實踐神的計劃（徒一8）。

iii. 他對保羅生命的肯定，二次的保薦和引領，更以自己的生命造就保羅，甚至甘心樂意讓保羅超越自己的生命，成全保羅，完全沒有忌才或自卑的意念。至使保羅成為新約世界中最偉大的宣教師，以及最多產量的新約聖經作者，影響無遠弗屆。

iv. 他對馬可的關愛與支持，鼓勵與承擔，超越了單單為了扶持親屬的程度，完全是因為他對年青人的關愛，鍥而不捨的鼓勵和幫助，獨具慧眼的肯定和祝福，容許犯錯和再接再厲的機會，成為馬可一生的動力。透過馬可的生命，間接幫助彼得和保羅二位使徒的事奉；最後，馬可更寫下第一部福音書，向人不斷地見證基督。

我們對巴拿巴的一生，可能會有不同的評價，他所做的一切，是非對錯，難有公論。事實上，沒有人是完美的，每個人本身的都有不足的地方，軟弱和不是的缺點，有時一個人的強處優點，同時也是他的弱處劣點，但問題在於他是否懂得如何發揮生命的特質，忠心的被主使用，一心一意，完成主所交付的使命，作成祂的工；不為討人的喜悅，只為叫人得幫助和造就。透過以上的研究和分析，巴拿巴就是一個這樣的人，忠心事奉，為主而活，不顧性命的人—— 柔情善牧的典範。

註 釋：

1. 雖然在教會文獻中也有不少以巴拿巴為名的材料，例如：《巴拿巴書信》（*Letter of Barnabas*）。此乃早期基督教著作。用希臘文寫成，相傳為使徒巴拿巴所著，實際上是公元一三○年前後自稱教師的無名作者所撰。參〈巴拿巴書〉，《大英百科全書》（2007），大英線上繁體中文版（http://wordpedia.eb.com/tbol/article?i=092450）；《巴拿巴福音》（*The Gospel of Barnabas*）。本書卷是中世紀時穆斯林所偽造的，目的是宣揚伊斯蘭教。參http://zh.wikipedia.org/wiki/%E5%B7%B4%E6%8B%BF%E5%B7%B4%E7%A6%8F%E9%9F%B3；還有《巴拿巴旅行殉教記》（*Journeys and Martyrdom of Barnabas*）等等，但這些資料已經被公認為後期的作品，與巴拿巴本人無關。故此，本文只會查考所有新約聖經中與巴拿巴有關的經文，並按時序的先後探討巴拿巴的個性與特質。
2. 本時序的編排主要參考更新傳道會：《新國際版研讀本》，頁2073；郝思韋恩（House H. Wayne）著，蔡麗貞譯：《新約背景與年代表》（台北：中華福音神學院出版社，1984），頁124～132。
3. 筆者採取南加拉太説，寫作時間為公元四十七年，詳細討論可參馮蔭坤：《真理與自由》（香港：證主，1982），頁125～150，及郝思韋恩著，蔡麗貞譯：《新約背景與年代表》，頁136～139。
4. 他與稱為約翰的馬可為親屬，是馬可的表哥，或有學者認為是舅父，而馬可的家族在耶路撒冷是一大戶人家，至少主耶穌最後的晚餐是在他的家舉行的（參可十四15；徒一14，十二12）。
5. 因為在希臘的神話中，丟斯被尊為年老之神，為眾神與人之父，負責管理整個宇宙；而希耳米為丟斯與邁亞（Maia）所生的兒子，而且更作為丟斯及諸神傳信的使者，參《聖經：串珠，註釋本》（香港：中神，1986）。
6. 哥林多前書九章1至14節中，保羅在1至2節中用了單數的第一身代名詞來表達內容，申明自己使徒的權柄。但到了第3至14節中，保羅清楚的使用了「我們」這個眾數的第一身代名詞，而在整段論述當中，他特別引出了巴拿巴與自己作為表達的中心（林前九6）。他這樣的引用，除了理解為巴拿巴也沒有運用使徒權柄靠福音養生外，還可以理解為他也是沒有娶妻或／及帶同一起事奉，因為整個論述都是環繞著「靠福音養生」這個主題的。
7. 根據使徒行傳的記錄，巴拿巴最少在下列十五處經文中是主要的説話者：一、使徒行傳九章27節——向使徒們舉薦掃羅，將掃羅的蒙恩過程，主的啟示及信主後的事奉情況清楚陳明，導致使徒們樂意接納掃羅；二、使徒十一章23節——勸勉安提阿教會的信徒；三、使徒行傳十一章25至26節上——游説掃羅前往安提阿事奉；四、使徒行傳十一26節下——整個教導都是以巴拿巴為首的事奉；五、使徒行傳十一章30節，十二章25節——整個行程是以巴拿巴為重點的，因為巴拿巴與耶路撒冷教會的關係較為密切；六、使徒行傳十三章1至3節——這個安提阿的事奉團隊也是以巴拿巴為首的事奉團隊，故此有理由相信是他在帶領整個團隊的討論與結論；七、使徒行傳十三章4至5節——在首次宣教行程的前部分，理應也是由巴拿巴為主導的傳道團隊，因為按照路加記載的習慣，若是與保羅有關的內容，他定必詳細記錄，除此以外，則以精簡的手法帶過，不會加以詳述，更不會加以引論；八、使徒行傳十三章43節——巴拿巴也有向羣眾講道的時候；九、使徒行傳十三章46至47節——巴拿巴與保羅一同宣講真理；十、使徒行傳十四章1至3及7節——二人放膽講道；十一、使徒行傳十四章14至17節——按路加的記載特色，本段應為巴拿巴在說話，而且是主導這段說話；十二、使徒行傳十四章21至22及25節——巴拿巴與保羅勸勉門徒；十三、使徒行傳十四章27節——向安提阿教會信徒分享神的恩典與作為；十四、使徒行傳十五章2節—— 保羅和巴拿巴與那些人大大的紛爭辯論；十五、使徒行傳十五章12節——以巴拿巴為主的，述說宣教旅程的神蹟奇事；十六、使徒行傳十五章36至40節——巴拿巴為了馬可與保羅大大的爭辯。

8. 在使徒行傳十三章1節上開首，路加指出「有幾位先知和教師」，接下去便列出了一張五人名單，名單的結構是3+2，換言之合理的解釋是巴拿巴、西面和路求三人應屬於「先知」的位分，而馬念和掃羅則為「教師」的位分。
9. 這個註解不應作為直接翻譯看待，而只是表達其滿有說話的恩賜及其運用恩賜的方向和範疇，及其生命的特質；參坎伯．摩根（Morgan G. Campbell）著，鍾越娜譯：《使徒行傳》，摩根解經叢書（美國：活泉，1976），電子版。
10. 好人的條件可包括：看到上帝賜福別人就高興；歡喜別人的成功；是個會鼓勵安慰別人的人；被聖靈充滿，不是人為的、表面的善，是被上帝確認的，有屬靈的生命；有堅強的信心，不是持膚淺的人生觀的人可比擬的，他必須對所信的真理有深度的認識，並且認真地遵從；參馬歇爾（I. Howard Marshall）著，蔣黃心湄譯：《使徒行傳》，中文聖經註釋（台北：校園，1987），電子版。
11. 直譯為「右手之交」，用右手彼此相握（相交之禮），意即表示了承諾、認同、認可、印證、信任與友誼。
12. 涉及馬可個人的因素理由很多，包括：一、路途艱辛怕吃不消；二、短暫興趣失去熱心；三、驕生慣養與人不合；四、身體不佳自行引退；五、可能不習慣與外族人相處而離開（因為自己是猶太人）等等。

牧靈篇

7

受傷如何再愛？

張天和

一 引言：去愛會受傷！

相信大多數人都會認同，時下流行曲題材主要是涉及情與愛。這反映著甚麼呢？人需要情與愛，這些東西對他們很重要，但在現實生活中難以體會，故從歌曲得著共鳴，找到一刻的認同和安慰。這說法當然未經過詳細的考究及分析，只是筆者一些觀察及與人接觸傾談後之感受。

「人間有情！」我們會感到對這話陌生。我們都會感受到，現今的社會愈來愈冷漠，人際間愈來愈多圍牆，關係愈來愈淡薄，人愈來愈懂得保護自己，愈來愈習慣這種相處方式。人的冷漠是否天生的呢？是否上帝創造的呢？當然不是。上帝是充滿情，充滿愛的，祂願意我們像祂一樣，充滿著情與愛，但今天人的情與愛在哪裏呢？

偶爾讀到網上日誌一則：「如果有一天我忽然冷漠，原因只有一個，就是曾經對人太好。」筆者感受作者的心情，也認同他的説法。很多時，人抽離人羣，變成冷漠，是因為不想再受傷。事實上，當人要去關心別人時，要有心理準備：就是會受傷害。因為我們去關心的時候，要付出愛。凡是認真去愛的人，就必定受傷害。天主教的德蘭修女曾説：「要愛得真摯就無法避免受到傷害。」[1] 耶穌為了愛我們，也要嘗盡苦楚，受到極大的傷害。有時我們至愛的人是最傷害我們的。最令牧師受傷害的，可能就是他的羣羊；最令父母受傷害的，可能就是他們至愛的兒女。

凡是去愛的人，就必定受傷害。當他受傷害時，就面對一個掙扎，就是我是否繼續去愛。今日很多人在人羣中不願意再去愛去關心，是因為受過傷。俗語有云：「見過鬼都怕黑」，很怕再受傷害，故逐漸變得自我保護，不願付出，同時裏面很冷漠。

當受傷之後，在我們面前只有兩個選擇：一是關閉自己，不再去愛，不再服事；另一個選擇是接受主的醫治，繼續去愛，繼續讓我們生命因著不斷的付出如活水江河般不斷湧流，而不是像死水般。

各位讀者有沒有因服事而受過傷害？筆者經歷過！相信凡付出過的人都有這體驗！你可能正在這交叉口，你如何選擇呢？讓我們一同學習如何經過受傷後仍能去愛。

二 再愛要先接受醫治——醫治的核心是要學習饒恕

我們生活在一個高度創傷性的社會之中，這已是一個不必證明的事實。只要留心醫務衞生署公報心理病患者的上升數字，就能深深體驗到生活在所謂大都會的人的精神生活素質了。

人的心理結構非常精妙，人為了自我保護，在惡劣的環境下，仍然能夠生存下去。人的心靈世界，能夠仔細記憶每一個具威脅的經驗，包括：事件本身、對事件的詮釋、和因事件伴隨的情緒。同時，這些在記憶中的經驗，會構成一連串的情緒主題，例如：被拒絕、受委屈、被嘲弄、被欺壓、被排斥等……，這些情緒主題，形成生活的特殊警覺，成為日後對外在情勢的反應，以保護自己。因此，我們很難去付出，去關心，去愛！

另一方面，在人的信仰生活之中，人與人的交往，甚至人與神的互動，這些情緒特殊的警覺性反應，並沒有因為是宗教信仰而有所不同；因為，人的宗教生活，亦必然建基於人的一般經驗之上。因此，基督徒的整體生活，和個人與神關係的發展，往往受個人經驗、體會所影響。在人神的互動中，人往往會將過去創傷的經驗，投射到與神的關係之上，做成很多障礙，窒息人神關係的發展。

我們要承認，重生、聖靈充滿，不會自動解決一切情緒問題；讀經、禱告也不會對情緒健康提供立時的答案。事實上，生命中有些領域，需要耶穌的臨在，作出特別的醫治。因此，我們需要邀請耶穌基督，進入我們的過去，幫助我們透過學習了解自己的性格如何受到損害、與別人的關係怎樣受到窒礙；讓耶穌陪伴我們停留在過往的創傷之中，重新詮釋過去的經驗，以致改變我們對某次獨特經驗的信念，獲得情緒上的轉化，以致能夠作出饒恕。

甚麼是饒恕？饒恕就是原諒得罪、傷害自己的人，不再責怪或怨恨對方（參太六14～15）；自己從饒恕過程中亦得醫治和赦免。其中包括放棄存留恨意的權利，以及放棄要求他人盡義務的感覺。學習饒恕的過程中，可考慮以下步驟：

1. 求神顯明在你生命中，未曾饒恕人的部分。
2. 敞開地，把受傷的真實感受告訴神。
3. 清楚且具體地宣告饒恕的事項。
4. 求神饒恕傷害自己的人。
5. 求神饒恕自己不饒恕人和懷恨人的罪。
6. 不再埋怨神允許對方傷害自己，並為受傷害來感謝神。
7. 求上帝將仁愛、喜樂、和平，充滿原來受傷害的地方。
8. 求神賜福對方。

這些步驟不是特定的方程式，也不是甚麼靈丹妙藥，只是筆者一些經歷中的體會，弟兄姊妹可按實際情況作出實踐。

讓我們一同默想，「當下耶穌說：『父啊！赦免他們；因為他們所做的，他們不曉得。』兵丁就拈鬮分他的衣服。」（路二十三34）

有時候，傷害我們的人所做的，是他們不曉得，是無心之失；甚或是他們故意的傷害，但事情已經發生了。饒恕他們吧！

三 再愛要被耶穌的愛充滿——經歷被愛以致懂得自愛

在人生旅途上，我們都曾被人刺傷、出賣、損害、忽視；而在我們心靈深處，無論自覺或不自覺，我們對神的愛之信任能力也可能因而削弱。所以，有些人雖然聲稱耶穌愛他，這可能只是頭腦方面的認知，卻沒有實際的經歷及感受。其實很多人不懂得去愛，是因為他沒有被愛過，不懂得被愛，甚至不願意被愛。這樣的人，很難去愛人。

愛是一很微妙的東西，當經歷到愛，就愈想去表達；愈去表達時，就會愈多經歷。愛是互動，互為影響的。沒有一種人類的愛是自足的，它們都需要別的東西扶持，才能長保甜美。人類的愛像花園般需要人來除草和細心經營，才能讓它本身的光芒綻放出來。

英國知名學者、作家及神學家魯益師（C. S. Lewis）晚年出版了一本重要著作《四種愛》，該書讓我們知道我們所需要的是怎樣的一種愛。[2]

上帝是愛。這就是愛的真義：「不是我們愛上帝，乃是上帝愛我們。」（約壹四10）這是最原初的愛，是「無所求的愛」。德蘭修女這樣形容耶穌的愛：「耶穌對我們的愛是不附帶條件的，是溫馨的，是寬大仁慈的，是完美無暇的。」[3] 上帝沒有任何需要，而只有無限的豐盛有待給予。中世紀的神學家曾經指出，對上帝來説，創造宇宙萬物並不是一種必要之舉。[4] 但上帝仍然樂於讓我們這樣微不足道的生物進入存在，為的是讓我們能有機會享有神的愛和有機會臻於完善。魯益師曾用這比喻來説明人與上帝的關係：上帝是一個蓄意在自己身上創造出一羣寄生蟲來的「寄主」，祂這樣做，目的在於讓我們這羣寄生蟲能從祂身上獲得好處。[5] 這就是愛的真諦：祂對我們的愛是毫無保留的，沒有計算、量度過為我們付出多少。

上帝在創造我們的時候，同時在我們內裏植入了「有所求之愛」和「無所求之愛」。人類的「無所求之愛」與上帝的「無所求之愛」相近，但這種相近只是一種形式上的相近，而非一種關係上的接近。即或一個甘願犧牲自我的母親，一個好心的統治者或老師，都可能一生都在給予，他將「無所求之愛」

顯露出來，但卻沒有接近過上帝半步。至於人類的「有所求之愛」，更是與上帝的愛毫無相似之處。

不過除了「有所求之愛」和「無所求之愛」這兩種禮物以外，上帝還賜給我們另一種更珍貴的禮物。就是透過進入我們內心深處作工，上帝讓我們有機會分享到原屬祂所有的那種「無所求之愛」，一種屬天的「無所求之愛」。屬世的「無所求的愛」雖然不吝於給予，但它的給予，並不以被愛者本身的價值觀及需要作為出發點，乃是以自己的價值觀為依歸。它給予被愛者的，不是被愛者本人嚮往的東西，而是它覺得被愛者「應該」嚮往的東西。但屬天的「無所求之愛」則是，它不以自己的立場為立場，而只求能給予被愛者他本人所嚮往的東西。那麼，被愛者所嚮往的東西若是傷害自己，甚至犯罪，又如何呢？當然，屬天「無所求之愛」是要將「好東西」給被愛者（參路十一11～13）。另外，屬世的「無所求之愛」所愛的對象，多多少少本質上就有某些可愛之處，例如親人、愛人或志趣相投的朋友；但屬天的「無所求之愛」卻會愛那些本來不可愛的人，如痲瘋病患者、罪犯、敵人、驕傲的人或小心眼的人。

這種屬天的「無所求之愛」就是聖經所說的「犧牲的愛」（*Agape* Love），這純然是聖靈在我們生命中的工作結果。因此，上帝降世為人，不是把屬天之愛縮減為屬世之愛，而是把屬世之愛帶入屬天之愛中。當我們經歷了這種屬天的「無所求之愛」，我們才有動力去愛自己，及愛那些不可愛的人。

我們以前主要是用「有所求的愛」去愛人，這個「有所求」包括：對方的回報、別人的欣賞、自我的滿足等；但當我們付出愛，卻得不到「所求」時，失望、灰心、不開心，甚至嬲怒就會隨之而來。縱使我們是用那屬世的「無所求之愛」去付出，其實也是有某些原因導致。若我們受傷後再去愛，我們就要經歷及擁有那屬天的「無所求之愛」。

聖經說：「第一要緊的就是說：『以色列啊，你要聽，主—— 我們上帝是獨一的主。你要盡心、盡性、盡意、盡力愛主—— 你的神。』其次就是說：『要愛人如己。』再沒有比這兩條誡命更大的了。」（可十二29～31）

在懂得愛人之前，先要懂得愛自己。「愛自己」不是自戀，不是放縱自己私慾；而是基於對自己的認識，然後對自己接納、尊重。它包括以下幾種意思：

1. 自愛的人並不靠神經質的雄心壯志來推動自己。他不會為「競爭而競爭」，自愛反而會使他立志要進步，要超越自己。
2. 能自愛的人不過分遷就他人。一個人過度遷就別人，其目的不外乎想獲得每一個人的好感。自愛的人可以在適當時機，使用拒絕的權利。
3. 自愛的人必定不屈不撓。縱然他在某方面仍有不安全感，但是自愛的人會盡量設法超越障礙。
4. 自愛的人不致過分敏感。他不會常感到別人針對他，自愛的人反而懂得如何控制自己及自己的情緒。
5. 自愛的人能適當地對付憤怒。脾氣往往是深藏於內心中的恐懼之偽裝，因此自愛的人會設法挖掘那恐懼是甚麼；同時，他也懂得應在甚麼時候對憤怒加以表達、加以鎮壓、或加以抑制。
6. 自愛的人並不生活在過去中。自愛的人時常對自己有新的認識及新的發現。關愛的人並不期待別人給他快樂，或供應他一切的需要。

讓我們一同默想，「耶穌說：『我也不定你的罪。去吧，從此不要再犯罪了！』」（約八11）

有時候，我們也像那婦人一樣，感到無地自容，何來還會有自愛呢？耶穌卻體會她的感受，要重新建立她的自我及生命。我們也需要這份「無所求的愛」。

四 再愛要操練：「我不再懼怕」——因懼怕會使人裹足不前，不敢開放自己

印度古語有云：「當你被蛇咬過之後，你對任何東西，甚至乎是一條繩子，都變得小心謹慎。」在愛人過程中少不免有傷痛，所以，很多人都不願向別人開放自己。關愛別人是需要經歷許多的困難，因此，我們質疑是否值得付出這麼多的心力。關愛別人是一個冒險，一個不是很多人願意去冒的險。

懼怕是指一種內在憂慮、不安、擔心、煩惱及因憂心忡忡而引起的情緒。[6] 懼怕是人的通病，是人之常情。孩子小怕他長不大，長大的人怕老得太快；健康的人怕生病，生病的人怕死；窮人怕沒錢開飯，富人怕財多招災，故要破財擋災；未結婚怕找不到配偶，結了婚又怕配偶變心；不能生育怕絕後代，有後代的又怕兒孫不孝。總之，每個人，無論在甚麼處境，可以懼怕的事真是太多太多了！

懼怕能帶來情緒和身體的反應，例如呼吸困難、心跳加速、流冷汗、拔腿逃跑、抱頭亂竄等。這些表現和反應其實是一些警告的訊號，叫我們對危險提高警覺，或防守，或逃避，或正面處理，的確有其積極的作用。但許多懼怕只是反射的

作用，因為個人的自卑、內疚、疑心、患得患失的心，和估計錯誤而產生的消極反應。

也因此，恐懼最能捆綁我們，使我們裹足不前，不敢為神冒險，不敢去關心人。當我們懼怕時，它就成為我們的主人，攔阻我們去順服。有人害怕失敗，故不敢嘗試；有人害怕失望，故不存有希望；有人害怕再受傷害，故不敢再去愛。這時候，我們如何面對呢？在馬太福音十七章，耶穌登山變像的經文中，出現一幅美麗的圖畫：耶穌進前來，摸他們說：「起來，不要害怕！」耶穌很喜歡觸摸人，是愛的表達，能驅走懼怕，因為愛裏沒有懼怕；也是醫治的觸摸，透過聖靈進入我們的生命觸摸我們的傷痕。經歷耶穌的愛及醫治，我們便有力站起來。

因此，我們需要學習到施恩座前，向神祈求。中世紀聖徒十架約翰，他有以下的祈禱：「**主耶穌！懇求施恩，救我脫離被人輕視的恐懼，被人拒絕的恐懼，被人忘記的恐懼，被逼迫的恐懼，對貧窮的恐懼，對疾病的恐懼，對孤單的恐懼，對失敗的恐懼。**」在這個祈禱之上，你們還可以再加上那些你們正在害怕、掙扎的東西。

筆者聽過一個這樣的故事：

有一次，一位年老的拉比問他的門徒們，怎樣才曉得黑夜將盡，白晝已近。

「這個會不會是，」其中一個門徒問：「當你能夠看見遠處的動物，並且能夠分辨出牠是一隻羊，抑或一隻狗呢？」「不是。」拉比回答說。

另外一個問：「是不是當你能夠看見遠處的樹，並且能夠分辨出它是一棵無花果樹，抑或是一棵蜜桃樹呢？」「不是。」

拉比回答說。

「那麼，是在何時呢？」門徒們追問說。

「當你能夠看見任何一個男人或女人的臉孔，而你認出他或她是你的姊妹或弟兄的時候，那就是黑夜將盡，白晝已近。因為假若你不能夠這樣看見的話，那麼，仍舊是黑夜。」

縱然我們接受排除懼怕，開放自己是很重要，但是，還有一個實際的問題：有甚麼東西可以幫助我們保持向別人開放，以及當我們視環境對自己有所威脅時，我們能少一點防衛性呢？

筆者建議可以經常作出以下之檢視：

1. 今天在甚麼時候，我對甚麼人感到不能自然地回應，當時討論的問題是甚麼？在這些實例中，我怎樣明白我的行為、感受、思想、和形像？
2. 今天，我是否有自我防衛呢？今天的我，是否感受到憤怒、傷痛、厭煩、憂慮、憂傷、失望、嚴厲、被動、過分好人、批判、沉悶、精神不集中、混亂、不耐煩、或不能同感呢？若有以上的情況，究竟從中我可以明白到甚麼，從這些防衛性的情緒表達中，我究竟了解自己甚麼呢？
3. 今天，當我應對一些情況時，我是否用了以下其中一個方法，來逃避與對方溝通呢？直接或間接地攻擊對方；誇大正在發生的事情；隱藏在一些規則或某些技術的背後，作為逃避溝通的方法；帶出不相關的問題，藉以轉移注意力；藏在沉默的殼之內。

這些檢討的目的不是要自責，而是在愛的神面前能以開放的心，對自己有更多的認識，以致我們可以：有更多具體的個人知識，去釋放用於防衛的力量，讓出更多的空間來創造和成長；成為別人堅強而敏感的朋友；更為開放去接受真理，藉著自己、別人、和我們安靜獨處與主一起的時刻來與神相遇。

讓我們一同默想，「耶穌進前來，摸他們，說：『起來，不要害怕！』」（太十七7）

有時候，我們會害怕很多的事情，使我們不敢接觸身邊的人，耶穌對你說：「起來，不要怕！」

五 再愛要操練：「這是為耶穌而作」——讓我們愛那些「不可愛」的人

事實上，愛人是很難、很麻煩的事情，因為我們去愛的都是罪人。所以我們在屬靈操練上，要操練我們看見服事對象背後的主耶穌。

印度的德蘭修女在一九四六年九月十日從神領受了呼召，去獻身服事貧窮人，德蘭修女走遍印度各城各鄉的貧民窟，服事千百貧窮人、孤兒、妓女，對無數因為飢餓疾病而瀕臨死亡邊緣的人散播基督的愛，讓他們死得有人的尊嚴。

有一次，德蘭修女接受訪問：「德蘭修女，你能夠服事那些被別人看作是渣滓的人，秘訣在哪裏？」德蘭修女回答：「我的秘訣很簡單，我祈禱。」德蘭修女強調她並不是社會工作者，而是基督愛的使者。她指出兩者的分別是「如果你不禱告，你只算是社會工作者」。她透過禱告的操練，便能夠看見隱藏在貧窮人背後的耶穌基督。[7]

對德蘭修女來說，耶穌基督是：「飢餓的，需要我們餵養；乾渴的，需要我們滋潤；赤身露體的，需要我們給他穿；

無家可歸的，需要我們給他住；患病的，需要我們的醫治；孤單的，需要我們的愛護；不受歡迎的，需要我們的接納；長麻瘋的，需要我們去洗滌傷口；行乞的，需要我們的微笑；醉酒的，需要我們去聆聽；遲鈍的，需要我們的保護；渺小的，需要我們去擁抱；瞎眼的，需要我們領路；啞巴，需要我們代言；殘廢的，需要我們幫助同行；吸毒的，需要我們的友情；出賣肉體的，需要我們營救；被囚的，需要我們探望；年老的，需要我們服事。」[8]

而那些可憐的人們，在接受修女們的服事時，總是要問：「這是為甚麼？你們為甚麼要幫助我？」修女們總是微笑著，親切地回答他們：「這是為了愛上帝。」[9]怎樣做得到呢？除了禱告，德蘭修女以這樣的方式來回應：先把自己變成那最微小的一個—— 使自己成為窮人；然後選擇為最微小的那一個而做——為窮人中的窮人服務；與此同時，以最微小的方式去落實她的服務。[10]

正如德蘭修女的經驗分享，禱告會改變我們：「這是為耶穌作的」。關於禱告，有以下幾點提醒：

1. 禱告的開始是寧靜。天父會對我們寧靜的心靈説話，以致我們可以用真誠的心與祂交談。
2. 禱告的起點是神的話語。天父會藉著聖經向我們説話，讓我們知道祂對世人的心意。
3. 禱告的果效就是信心的增強；信心的果效就是愛，而愛的果效就是服事。[11]

我們可以參考她的祈禱文：

親愛的主耶穌：求祢幫助我們在所到的每一處地方，散發祢的香氣。求祢的靈和生命充溢我們的心靈。求祢進入和掌管我們的全人，好讓我們的生命成為祢的光芒。求祢的光穿透我們，也照在我們裏面，好讓每一位我們接觸的人，都能感受到祢活在我們心靈裏面。讓他們舉目仰望，看到的不再是我們，惟獨耶穌。求祢與我們同在，好讓我們能像祢一樣開始發光，以作別人的光。……[12]

一位在美國工作的基督徒藥劑師，為了要學習如何實踐愛及服事貧窮人，他就老遠從美國跑到印度去，參與仁愛傳教修女會[13] 的服事行列。他被分派去關愛一名住在貧民窟的男士，每天帶同飯盒去探望他，關心他。多日來，那人沒有任何反應，沒有理會他，沒有跟他説過一句話，甚至連回頭望他一眼也沒有。這位服事者開始灰心，覺得很浪費時間精力；修會的靈修導師卻鼓勵他繼續操練，並嘗試看服事那人就是服事耶穌。一天，這位服事者如常去探望，那人突然站起來擁抱這位弟兄，撫摸他的面頰，就哭起來。原來他多日來接受這弟兄的服事，結果將他心裏面的冰冷溶解，自卑被克服過來，被主耶穌的愛醫治。這弟兄也擁抱著他哭起來，並説，這一刻是擁抱著主耶穌。其實，主耶穌是隱藏在被關愛的人的背後。聖經教導我們，做在最小的人身上，就是做在主的身上。

讓我們一同默想，「王要回答説：『我實在告訴你們，這些事你們既做在我這弟兄中一個最小的身上，就是做在我身上了。』」（太二十五40）

有時候，我們很容易會將事情做在重要的人身上，因他們有影響力;但重要的是,我們要那最小的,因為他就是耶穌。

六 結語:我們去愛……

你有沒有因服事而受過傷害?相信凡用愛付出過的人都有這體驗!願主耶穌再次向你發出邀請:你繼續去付出,去關心,去愛,讓耶穌撫摸你的傷痛,你繼續去為人付出。因懼怕會令人裹足不前,不敢去愛。

德蘭修女曾說:「我們常常無法做偉大的事,但我們可以用偉大的愛去做些小事。」[14] 小事固然微不足道,但能忠於小事卻是一件大事。關於下面一個小故事,我想,我們或許可以把它看成是對德蘭修女這句話的一種詮釋。

有一天,一個人來到上帝那裏,要和上帝討論天堂和地獄的問題。

上帝對那人說:「好吧,我讓你看看甚麼是地獄。」

他們走進一個房間,房間裏有一大羣人正圍著一大鍋肉湯。但每個人看起來都營養不良、飢餓而且絕望。原來,雖然他們手裏都拿著一個可以伸到鍋裏的湯匙,但湯匙的柄比他們的手臂還長,他們沒法把湯送進自己嘴裏。

上帝又對那人說:「來吧,我讓你看看甚麼是天堂。」

他們走進另一個房間。這個房間裏的一切都和上一個房間一模一樣,還是一羣人,一鍋湯,一樣的長柄湯匙。惟一不同的,大家都在快樂地歌唱。

那人就問上帝:「我不懂,為甚麼一樣的環境和條件,他們快樂,而那個房間裏的人卻悲苦?」

上帝微笑著慈愛地回答:「我的孩子,這很簡單,因為在這裏,大家都在餵別人。而在那裏,他們只餵自己。」

偶爾在內地網站找到一首詩歌——「擁有愛，分享愛」[15]，歌詞內容很有意思，願與大家分享：

你我的心都在期待
一種熱切溫暖的愛
分享生命　像燭光一般燃燒
照亮黑夜　迎接黎明
像千萬天使展翅無限榮耀

你我的心是如此富饒
一點割捨　一點的關照
一點犧牲　一個微笑　一句問好
都會叫世界富足溫飽
讓受傷的心　嘗到真愛的味道

你我都相信　擁有愛　分享愛
彼此扶持　不管誰先跌倒
手握著手　心連著心
心照不宣　不辭辛勞　作光作鹽
讓世界有真愛的擁抱
讓我們虔誠祈禱

請記住：**我們去愛及關心身邊的人，不是因為想他成為基督徒，也不是因為他是基督徒，乃是因為我們是基督徒。**

註 釋：

1. 德蘭修女（Mother Teresa）著，莫王麗萍譯：《憑著愛》（香港：基道，1991），頁18。
2. 魯益師（C. S. Lewis）著，梁永安譯：《四種愛》（台北：立緒文化事業有限公司，2005）。書中，魯益師分析四種愛——親愛、友愛、情愛及大愛的本質，並指出前者三種愛若缺少了第四種愛——大愛——的扶持，將無法結出甜美的果實。
3. 德蘭修女著，莫王麗萍譯：《憑著愛》，頁18。
4. 魯益師著，梁永安譯：《四種愛》，頁153。
5. 魯益師著，梁永安譯：《四種愛》，頁154。
6. 參柯蓋瑞（Gary R. Collins）著，張鈞、吳際平譯：《心理輔導面面觀》（台北：大光，1990），頁79。
7. 王志學：《經歷神——退修默想導引》（香港：基道，1993），頁84。
8. 這是德蘭修女一九八三年六月十九日病重在羅馬休養時的默想。轉載自王志學：《經歷神——退修默想導引》，頁85。
9. 華姿：《德蘭修女傳——在愛中行走》（濟南：山東畫報出版社），頁130。
10. 華姿：《德蘭修女傳——在愛中行走》，頁138~139。
11. 德蘭修女著，莫王麗萍譯：《憑著愛》，頁48。
12. 德蘭修女著，莫王麗萍譯：《憑著愛》，頁51。
13. 仁愛傳教修女會（Missionaries of Charity）成立於一九五〇年十月七日，致力於將愛與慰藉帶給被捨身街頭的人。
14. 華姿：《德蘭修女傳——在愛中行走》，頁276。
15. 下載自： http://bbs.21sz.org/newbbs/dispbbs.asp?boardID=10&ID=17903&page=17 (2007/06/28)。

8

情繫中國基督徒：一個「情」與「愛」的比較神學嘗試

蘇遠泰

一 引言

在〈情繫中國：論中國「人情」的得與失〉一文中（簡稱〈情繫中國〉），筆者分析「情」在中國文化的內容，指出其優美可貴之處，又批評其律法主義、強人所難、防礙法理等等的弊病。作為一個中國基督徒，我們應如何融合「情」之可貴於基督信仰之內，願作一個有情的中國基督徒，並把情的文化貢獻給普世基督信仰的神學及倫理生活，是本文欲作的初步嘗試。

眾所周知，基督宗教是一個強調愛的宗教，尤其先從「神愛」開始，延伸至神與人、人與人、人與大地之間的愛，而愛可說是基督宗教的其中一個基本題旨（fundamental motif），正如羅秉祥說：「事實上，愛並不只是基督教的道德資訊，也是基督教的神學資訊；基督教是愛的宗教，基督教倫理是愛的倫理。」[1] 其實，愛不單是基督宗教所強調的，非基督徒亦十分看重，例如著名的非基督徒哲學家羅素（Bertrand Russell）著有《我為甚麼不是基督徒》一書，以理性的角度向基督宗教問難，尤其駁斥以理性證明上帝存在的可能性，反對宗教的迷信或輕信成分，[2] 並強烈質疑把倫理的基礎建基在宗教的信條和聖典的前設。[3] 但他指出「世界所需要的就是基督宗教的愛或憐憫」，這愛包括愛你的鄰舍、對受苦者有廣泛的同情，和熱心地期望世界可以從殘酷和憎恨中釋放出來。[4] 心理分析及治療學者佛洛母（Erich Fromm）認為，現代人不少心理問題，其根源都是因為缺乏愛所致，故此，他說：「正如我所顯示，如果愛是對人類之存在這一問題惟一明智而又令人滿意的答案是正確的，則任何社會要是相對地排拒愛的建立，就必然活在一個長期與人性的基礎必須自我相違的毀滅之中。」[5]

沒有基督徒會懷疑踐行愛在基督宗教倫理上的重要性、必須性和優先性，愛不單具創造和拯救的力量，愛還是在這個苦難常存的無情世界中，可以叫我們體現上帝看顧的明證。耶穌會神父莊士敦（William Johnston）從基督宗教的默觀（meditation）傳統和親身經歷裏，就曾斷言「愛是對人類苦難，以至整個宇宙的最大醫治，是人最高形式的能量。」[6] 中國文化所說的「情」與基督宗教所強調的「愛」從外延範圍上說十分接近，而內涵意義也很相似和相通。本文欲通過情與愛的比較，把中國文化的情引進基督宗教對愛的討論中去。本文將先處理基督宗教內對愛的瞭解和闡釋，並在過程中與中國文化的情作一比較神學的嘗試，期盼能把情的優點落實在愛的討論和實踐上去。[7]

二 愛是甚麼？

1. 愛的內涵

曾任燕京大學教授的基督徒學者羅運炎指出愛是一種力量，只可體會，而不可言傳。[8] 此說道出了愛是人人可以體會得到的，但要清楚說出愛究竟是甚麼又十分困難；[9] 不過，困難並非等如不可能，讓我們先從兩個世俗的定義來了解愛的內涵。英國蘭彼得威爾士大學中國研究中心的華裔學者姚新中教授，在比較儒家的仁與基督宗教的愛時指出「在我們日常語言中，愛作為一個總體概念確實涵蓋了人類生命活動的方方面面，既指我們對待他人的積極態度，也指我們成全其他事物的肯定性行為」，[10] 伯納比（John Burnaby）也道出愛的世俗理解為「一種強烈依戀的情感去滿足一個特定對象或一組對象」。[11]

上述對愛的形容，雖然並非出自基督徒，但既然愛具普遍性的，其定義亦能正確指出愛包括情感上的表達，一種為對方著想的積極表現行為，跟基督徒神學及倫理學學者葛倫斯（Stanley J. Grenz）把愛定義為「帶有強烈的感受、靈性、獻身，並且激情」同出一轍。[12] 田立克（Paul Tillich）以為愛不可能是純然的情感之事，否則便是對愛的本體特徵（ontological character of love）一種誤解，但愛亦不可以沒有情感的元素。[13] 基督宗教對愛的理解，除了此種情感上的表達外，同樣要求一種道德上的規範，正如哥林多前書十三章6節說愛是「不喜歡不義，只喜歡真理」；愛是不能離開真理和公義，否則便變成一種錯愛或溺愛。在此，愛跟情有相似之處：情亦正正除了指人的自然情感外，還帶有一種德性上的要求。[14]

但愛與情在此點上有分別嗎？田立克在思考愛的本體特徵時特別強調愛是生命的推動力量（moving power of life），一種使分離成為合一的能力，是對已分離的關係的一種再聯繫。田立克要表達的是，在現代社會的個體主義（individualism）影響下，人變成一個個孤立的個體，以自我為中心，所思所想盡皆自身的事情和利益，人慣性與別人分離，築起圍牆，沒有同伴，成了岩石和孤島。[15] 但惟有愛可以把支離破碎的人格／位格（personality）重新組合起來，把人從個體的疏離中再聯合。[16] 田立克正強調愛所蘊藏的力量（power），能驅使疏離的人際關係更新，而更新是可以被看到的，因愛是一種力量，故此，愛是不可以全屬內心、無形和靜態的。在此，愛跟情便有所分別：雖然兩者均包含人的情感，又有德性的要求，但愛帶有力量，必然導致具體的行為（action），這是情不定有的：我對某物有情，並不一定代表我會有所行動，而只是暗暗藏於心裏。正如羅運炎所說：

> 若是沒有事實上的表現，愛就無法看得出來。但愛是動的，不是靜的，是積極的，不是消極的。何處有愛，何處的空氣便覺不同，何處有愛，何處便有事實上的異動。[17]

巴特（Karl Barth）同樣認為愛是一種人類的活動，因上帝的愛亦是一種行動。巴特認為，基督徒的愛是一種行動（an act），一種沒有分別／歧視任何對象的行動；或說愛是以「弟兄」（brother）為對象的行動，而所謂的「弟兄」是指任何一位從未被稱為「弟兄」的人。[18] 簡言之，愛就是把所有人視為自己的「弟兄」，按「弟兄」應有的待遇來款待他／她。愛是含有行動的要求，而行動是基於情感關係的表達（他／她是我的「弟兄」）和德性上的要求（我應如此如此對待「弟兄」）。讓我們對愛的內涵有以下的總結：

> 愛不僅是情感，而且是道德，不僅是道德，而且是力量。這種力量，大得不可抵抗，所以有人說「愛無敵於天下」，甚麼也不能比。[19]

2. 愛的外延

中國文化的情除了人情外，還包括對大自然和鄉土的情，雖然它們對比於人情是較為次要的。[20] 但田立克指出，基督宗教的愛是主要集中在人際關係上，愛者（lover）和被愛者（beloved）皆是指向個別的人，而此種凸顯人與人的愛的關係，正是基督宗教較其他宗教（特別是東方宗教）優越的原因。[21] 田立克如此評論基督宗教優異於其他宗教，未免是偏頗的論斷，但卻正確地指出基督宗教的愛大多集中於位格的關係上，或說集中在位格互聯（inter-personality）之間；而此處所說的位格互聯，主要指上帝與人之間的愛和人與人之間的愛。

新約聖經內曾以不同的詞彙來表達愛，魯益師（C. S. Lewis）曾指出有四種不同的愛，包括：(i) 敬愛／親愛（*storgē*），指人際間的愛，尤其指父母與孩子之間的愛；(ii) 友愛／熱愛（*philia*），指人際間的愛，主要指友愛或對一門專門知識的熱愛；(iii) 戀愛／性愛（*eros*），指男女之間的愛；(iv) 神愛（*agapē*），指一種發自內心、主動的、出自靈魂的愛，源於我們所信的上帝。[22] 前三種愛可以被簡稱為「人愛」，以對應於第四種的神愛。四種不同的愛，可以被理解為愛的四種外延意義，是愛在不同範疇上的表達（包括家人、朋友、配偶和上帝）。但說來奇怪，不少基督徒容易比較四種愛的優劣，往往出現輕此重彼的情況，特別在人愛與神愛之間。

例如，基督宗教倫理學者賈詩勒（Norman L. Geisler）把人愛定義為只求獲取而不求施予，屬於一種自私的愛，但神愛卻是利他的（altruistic），只求付出而不望回報。[23] 前瑞典德倫教區主教虞格仁（Anders Nygren）早在一九三〇年代就從聖經和歷史神學進路，深入研究基督宗教的愛觀，他強烈二分神愛與人愛，認為兩者是不兼容的，而把人愛的觀念混進了基督宗教之內，是對基督徒理解真正的神愛的一大污染，他說：

> 神愛與人愛的遇合有關基督教的命運。神愛彰顯一切古代的價值；但是在這個遇合之後，它無可避免的取得了一些人愛觀的價值算做它自己的，或竟將自己陷入人愛的宗教內。無論是前者還是後者，神愛總是損失相當的實力。[24]

在虞格仁心裏，神愛和人愛是有本質上的不同，神愛擁有自發、與功德無關、創造性和使人通向上帝的特色，這些都是人愛所缺乏的。[25] 有趣的是，雖然田立克曾說愛是「一」，愛只有一種，卻有不同的特質（quality）；[26] 但他卻同時批評人愛會導致「偏愛」（preferential love），必然被神愛的「普愛」（universal love）最終所排斥和取代。[27] 這反映在田立克心中，惟一有價值而應當存在的愛就是神愛，其他的愛因未能達至「普愛」而最終喪失存在的價值。如此把愛分等級並厚此薄彼，在中國文化對情的理解上是少見的，因中國文化以為不同的情均源於人性的自然感情和道德責任，分別是作用於不同的場景而已，故此並沒有這種情較那種情重要的情況。

不過，有部分基督徒學者指出，把不同的愛分別等級，甚至彼此對立的思維模式，並非聖經的啟示，亦沒有此需要。新約聖經偶然也以 *agapē* 來指稱一些不大好的東西，例如約翰壹書二章15節說「不要愛世界和世界上的事」，就是用上 *agapē*；保羅也有用 *philia* 一字來形容對主耶穌的愛（林前十六22：「若有人不愛主……」）。雖然葛倫斯確實道出了人愛具有自私、追求肉體快感和興奮等特色，而神愛是超越肉體的情感，屬於心靈和意志的層面；但他又承認神愛與人愛並沒有明顯的界線，不過像「愛」（love）和「喜歡」（like）之分別吧了。他同時分析四種愛（包括性愛）均可以用在上帝身上，而不單單是神愛。例如，性愛當然不可以直接用在上帝身上，但聖經卻不時以夫妻間的感情和婚姻關係來描寫上帝對以色列人的愛，和基督對教會的愛。[28]

職是之故，筆者以為上述四種的愛均是基督宗教所說的愛的不同表達。誠然，神愛具有某方面的優先性，因它源於上帝，又往往與基督徒的救贖有莫大的關聯。但如此並不代表神愛將要排斥人愛，反之，人愛理應是神愛在人世間不同向度的具體表達（例如 *eros* 用在正常的夫妻親密關係中），人愛在神愛中得以完全，而神愛在人愛中更能發揮表達。正如尼布爾（Reinhold Niebuhr）指出「因此，作為基督教理想的一種愛的意志並不排斥本性上的慾望與情感，因為通過它們，自我才得以有機地與他人相連。」[29] 而在基督宗教的靈修傳統中，不少隱修士（包括十架約翰、聖法蘭西斯）均以為神愛並沒有排斥人愛，反而神愛提升、轉變人愛，使人愛變成不帶條件、沒有限制和持續的。[30] 尼爾遜（James Nelson）正確地總結，如果我們只把基督宗教的愛限定在無私的神愛中，而拋棄慾望、吸引、自我完成、接收等等人愛的元素，恐怕我們所描寫的愛是一種貧乏又令人貧乏的東西；但如果只強調人愛而沒有了神愛，則最終的結果必然是自我的毀滅。[31] 如此理解不同的愛之間的互補而非排拒的關係，跟中國文化的情的兼容並蓄態度則可說是十分類同了。

三 愛的命令

1. 愛的對象

按主耶穌的教導，舊約全律法就總結在愛上帝和愛人如己這兩條誡命上（太二十二37～40；可十二30～31；路十27）。前者表達一種垂直式（vertical）的關係，是人對上帝的愛，後者是一種水平式（horizontal）的關係，實踐在人際的互動中。兩者不必然衝突，馬太福音二十五章40節和約翰壹書四章20節均指出通過愛人來體現和表達愛上帝。但當兩者出現衝突時，聖經明顯有先後次序：先愛上帝，然後愛人（徒五29：「順從神，不順從人，是應當的」）。

聖經又教導我們，我們愛，是因為上帝先愛我們（約壹四19）；我們的愛，不過是一種對上帝的愛的自然回應。上帝愛世人的最大表現，包括創造世界和拯救世人，又基督徒必然經歷過上帝在我們日常生活上的保守和看顧，亦在苦難的困境中得到上帝的同在與安慰。這些筆者無需多說，基督徒可以講出千千萬萬的見證。主的愛是沒有區分／歧視，沒有條件，不可比較和不可測度的，[32] 主的愛不是交易，不講條件，有時甚至不講理由，就如父母對子女的愛一樣，往往不可計算，計算的就會賠本。上帝愛世人不是因為世人可愛，乃是因為「上帝就是愛」。如此，我們才心受恩感地愛祂，因為出於愛上帝，我們又必然聽上帝的吩咐，正如約翰福音十四章21節：「有了我的命令又遵守的，這人就是愛我的」和十四章24節：「不愛我的人就不遵守我的道」。我們愛，全是對上帝愛我們的一種回應。

聖經又啟示愛並非我們人類的構成部分，我們可以有愛，可以學習去愛，但我們不是愛；惟有上帝是愛，祂並不是擁有愛，亦無需學習愛，而是祂自己就是愛（「神就是愛」）。故此，甚麼是愛和甚麼是愛的內容，便理應由上帝決定。[33] 此點在基督宗教的神學來說是重要的，因我們相信一切對上帝的認識（包括上帝的愛）均是由上帝親自提供，而不是人的臆測或文化的沉澱。當然，這不是說人的思維和文化的元素對神學建構毫無益處，而是說上帝的啟示在神學建設上具有優先性，思維和文化擁有工具性的意義，而不是決定性的意義。

說以上的話，是想帶出我們對愛的理解可以超越一般人的理性和文化的傳統。例如，主耶穌叫我們愛仇敵（太五44；路六27～35），在人的理性思考下，我們只會愛我們的親人和朋友，做到不恨敵人已經可說有容人之量，如何可以愛敵人呢？而中國文化的人情觀亦未能把人情擴展至自己的仇敵。但基督宗教所信仰的上帝卻吩咐信徒要愛仇敵，既不合理又不合中國傳統，卻是基督徒需要學習遵行的。因基督宗教所說的愛不單源於人的自然情感和道德心性，這些東西都不會叫人愛仇敵的，而是出於上帝的愛（「祂叫日頭照好人，又照歹人」），和上帝的吩咐（「要愛仇敵」）。基督宗教的神本主義和中國文化的人本主義在此有明顯的區別。[34]

另外，主耶穌又吩咐我們愛鄰舍。在「好撒瑪利亞人」的故事裏（路十27～37），主耶穌所說「鄰舍」的範圍非常廣泛，甚至可以包含所有相遇的人。撒瑪利亞人跟猶太人是世仇，但這個好撒瑪利亞人卻願意拯救一個他素昧平生的猶太人，反映再沒有任何人是不可以成為我們的「鄰舍」的了。鄰舍的範圍較仇敵更廣，從好撒瑪利亞人的故事，鄰舍同時包含了仇敵在內。

另外，約翰和保羅把愛的範圍集中在信徒的羣體內（羅十四17；約壹三17），雖然跟主吩咐叫我們愛仇敵有不同的重點，但明顯帶出在教會內弟兄姊妹彼此相愛的重要性。這樣的經文委實太多，亦無需在此多加討論了。只想提一點，對弟兄姊妹的愛跟中國文化的情先從家族開始有類同之處，都是先關心自己的親人，否則便是空談有愛有情了。不過，中國文化講的是血緣的親屬關係，基督宗教所說的是屬靈／信仰的親屬關係。

最後，基督宗教同時強調人要自愛，這是中國文化的情少有的課題。馮友蘭探討儒佛道對「調情理」的分析，指出佛道兩家對「聖人」的要求均是無情和忘情，就是當人對事物／事情的本相有了正確認識後，就可以對物不起情感，能夠沉著氣，不為不公平的事物所累。[35] 儒家亦追求「聖人無情」，所指的不是真的無情，而是「有情而不為情所累」。當人接觸世間的種種時，難免會感物而產生情感，例如看到一個作威作福的惡人，心裏不禁產生憤憤不平，不過這樣的怒，沒有「我」的成分在內，是沒有私意的怒，是「物來順應」，其有情是「情順萬物」。就如馮友蘭說：「聖人之喜怒，不繫於心而繫於物，所以聖人不遷怒。」[36] 如此對情的描述，把人看為有情而無情、有情亦應無情的生物；但反觀基督宗教強調人要自愛，聖經吩咐我們愛人時，往往用上「愛人如己」。反映人若不自愛，如何愛人呢？賈詩勒從神學的角度提出基督徒要自愛的三個原因：(i)因人是按上帝的形像而造，因而是值得去愛的；(ii)自愛是其他愛的根基；(iii)因上帝愛我們，自愛不過是愛上帝所愛的。[37] 人的價值就是從上帝的形像和上帝的愛來賦予並肯定的。人不單不可無情，還應向愛上帝愛自己愛別人的方向邁進。

2. 愛的元素

基督宗教所說的愛有甚麼元素呢？羅秉祥曾總結聖經中所講的愛有四個主要元素：[38]

i. 不論對方有甚麼長短處，也肯定對方的價值；
ii. 把對方視為寶貴，因此，對方的意願亦成了自己的意願，關心對方的福祉；
iii. 同時願意跟對方建立一親密的關係；
iv. 為了達到上述三者的要求，故必須有願意犧牲的心志，願意付代價。

羅秉祥點出了愛的其中一個十分重要的元素，就是愛裏含有犧牲，而犧牲具體體現在虛己和捨己的事上。哥林多前書十三章4至8節所説的「愛篇」就包含不少虛己和捨己的教導：忍耐、不嫉妒、不自誇、不張狂、不求自己的益處、不計算人的惡、包容。愛就是行動，一種虛己服務、捨己為人、彼此融通合一的行動（約十三～十七章），為我們服侍的團體而虛己，不爭取自己的權利，對羣體有強烈承擔（林前八～十章；羅十四～十五章），願意別人得好處，又不望回報，從不想過加害別人（羅十三10）。

最後，既然我們愛是源於上帝對我們的愛，又愛是犧牲和捨己，如尼布爾強調愛是沒有強制的：「因此，愛指的便是非強制性地將自我奉獻於它為之獻身的目標。這樣，它就成了法則的一種實現；因為在完美的愛之中，一切法則都是超驗存在的，而『甚麼是』與『甚麼應該是』則是二位一體的。」[39] 愛必須同時出於自願，因愛同時是人性的構成部分，此點留在下文交代。

四 愛與理的張力

在中國文化裏常常出現情理兩難存，情大於理、情大於法的現象。[40] 基督宗教雖然強調我們要愛人如己，但亦很堅持愛是「不喜歡不義，只喜歡真理」（林前十三6）。基督宗教的愛並不必然是柔弱的，愛可以有剛烈的一面，「惟愛主義」並非基督宗教的金科玉律。賈詩勒認為上帝的愛有三個特點，均是世人所容易誤會的：[41]

i. 愛要求紀律：上帝會管教祂所愛的兒女（來十二6）；

ii. 愛可以是暴力的：主趕走在聖殿裏作買賣的人也是為了愛人（約二16）；

iii. 愛可以失敗：地獄的存在表示上帝的愛可以失敗。

上帝的愛並不是縱容，故此，基督徒的愛亦需要學效；我們可以愛犯罪的肢體，但卻不可愛犯罪，不可對罪姑息。例如不少教會的會章內亦制定教會懲治的章節，當肢體犯了嚴重的罪行時，教會便可按此執行紀律，為的不是要懲罰犯罪的肢體，而是藉此挽回他／她，讓他／她通過教會紀律的執行，知道上帝對信徒的生命操守有一定的要求，但又同時藉著整個過程，叫他／她可以認罪回轉。懲治驟眼看來好像沒有愛心，但如果執行恰當，才是真正愛心的表現。

在宗教改革期間，紅衣主教沙杜里多（Jacopo Sadoleto）認為愛是在信仰裏最要緊的，他批評改教者正是缺乏愛心而對教會內的暫時罪惡加以鞭撻，最終使教會分裂，破壞合一的真理。加爾文（John Calvin）以為教會的緊密交融（communion of church）是建基在兩個要點上，分別是堅固的教義和弟兄間的愛。愛固然在基督宗教裏是重要的，但加爾文卻認為信仰和愛心是緊密關連的，愛心的團契必須建基在正確的教義真理的基礎上。而人懂得去愛，都是先知道愛的真理，然後才去實踐愛心，故此，教義真理是先於愛心的行動的。[42] 按宗教改革的傳統，愛心必須先服於真理的教義，「因愛稱義」必須建基在「因信稱義」的基礎上，否則便是把愛心亂用了。

羅秉祥認為愛必然包含寬恕，但此寬恕不能是一種縱容的寬恕—— 縱容的寬恕其實不是愛的表現，反而是害了對方。[43] 愛不是單單做別人想我們做的事，卻是做他們需要的事。愛不容許罪惡，正如主耶穌雖然愛彼得，卻當面斥責彼得為撒但（太十六23）；保羅雖然深愛哥林多教會的弟兄姊妹，卻把內中犯罪的弟兄趕出教會（林前五5）。愛雖然源於人的情感和上帝的吩咐，但愛並不柔弱，亦不應感情用事，反而是為了對方深遠的利益著想而有所行動，行動可以包括剛烈、甚至是似是無情的表現——這正是他們需要的事，亦表明基督宗教的愛是可以與法理互相扶持的。賈詩勒總結說：「愛是寬恕，但愛卻又是堅定的。愛不是幼稚和情感性的，它是真實又強悍的。」[44]

五 情——愛的比較神學

1. 情與愛的比較

綜觀以上所論，我們對愛是甚麼已有一個初步的認識，又比較情與愛之間的同異，現在此稍作一個總結。

情與愛均包含人的情感元素，但情是指人之常情，可包含消極的情感反映，包括憎恨、厭惡等等，但愛卻專指積極的表現，對被愛者抱持良善、美好的態度。但當我們說到「人情」時，我們亦大多說良好、美善的情感一面，在此，情與愛所描述的就很接近。不過，愛必然包含「行動」，因愛是一種力量，往往驅使人為著對方有積極、幫助、良善的行動，正同約翰壹書三章18節：「小子們哪，我們相愛，不要只在言語和舌頭上，總要在行為和誠實上。」但人情卻不必然導引出行動，例如當我們看見一位母親不知甚麼緣故，把大女兒和小兒子從高空擲下，然後自己跟隨跳樓身亡。[45] 我們會感同身受，覺得惋惜、同情、難過，甚至憤怒、憎恨，情感的爆發是有的，但並不一定對事情有所行動，無需回應。假若我們因此而關心香港家庭暴力的問題，或在基層的地區開辦輔導或社區中心，協助低收入人士，學效主耶穌進入弱勢羣體，如此便是有「愛心」的行動。

另外，中國的人情只對「自己人」而發，對「外人」則採「按本子辦事」的態度。因此，對親人、朋友、國家、大地、鄰舍可以有情，但說到對「仇敵」有情，大抵表現的都是負面的情感（憎恨、厭惡等等），因此，對敵人並沒有道德上的義務——如此才可說是人之「常」情。但基督宗教卻要求世人「愛你的仇敵」，甚至善待敵人，確實並非「常」情，可說屬於超義務、超道德的表現。誠然，筆者無意在此說：因此，基督宗教所說的愛實高於中國文化的情。從懷有善意的角度說，愛是高於情；但從保障家族的安全上說，愛仇敵恐怕會助長仇敵的勢力，使自身家族陷於不利的境地—— 不對仇敵報復，不因心懷恨意而有所行動，已是「有情」的表現了。何況，如此比較情與愛，只是從理想的層面加以比較，並非從現實的狀態中經統計而出，例如有多少基督徒真的在世間愛仇敵呢？還是在基督的教會內，雖然大家稱呼為弟兄姊妹（是我們的親人），卻往往針鋒相對，爭權奪位，甚至互相討伐，弄至教會分裂，我們豈非有愧於愛我們的主嗎？在此，思想我們責罵的人原來是主賜予我們的「弟兄姊妹」（是「弟兄姊妹」！！），這份身分、責任、情意的重拾，可能為我們好戰的心態添加一點人情味。

另外正如上文（二.2）所說，基督徒實不應因著重神愛的超越而否定人愛的真實，正如約翰壹書四章20節說：「人若說『我愛神』，卻恨他的弟兄，就是說謊話的；不愛他所看見的弟兄，就不能愛沒有看見的神。」神愛固然是我們追求學習的目標，但人愛正是學習神愛的路徑，通過愛身邊的人而實踐愛上帝。中國文化雖然較著重人情，但對其他的情並沒有否定。情的外延沒有比較或褒貶，不像某些基督徒把不同的愛對立。情正好有助愛的發揮：雖然基於人的被造有限，再加上犯罪而使人愛不完全，但既然一切愛均源於上帝，是對上帝對別人的積極回應，只要恰如其分而不過界，便無需取消人愛而獨攬神愛。

2. 神愛與人性

說也奇怪，中國文化雖然是一個重情的文化，但儒佛道又往往主張「聖人無情」，其理想是以為一個「得道」的人難免有情，卻不應被情所累，特別指人的情感方面，反而應以理性、德行、天道、佛性來實踐人性、踐行人生——他們否定人情的情感元素，卻強調人情的德性要求。[46] 基督宗教卻主張所有信徒均應全方位地去愛：包括愛上帝、愛肢體、愛鄰舍、愛仇敵、愛大地——愛是要全情投入的，包括情感、德性和行動。有論者以為，情是以人為中心，但愛則是以上帝為中心；情始終源於人性，但愛則源於神性。[47] 在基督宗教中，愛是一種命令，表現在耶穌總結律法的總綱中，另外，愛上帝的其中一個重要的表現，就是順服上帝的命令。姚新中就是如此說：

> 對基督徒來說，愛來源於神而不是產生於人性；但對儒家學者而言，由於仁與人本性渾然一體，所以人的任何行為實践——盡（儘）管還沒能使人們達到最終的理想狀態——都是人達到理想的過程的一部分。[48]

究竟愛是否只根源於上帝的命令，因此屬於人性以外，而情卻是人本性的外顯，並要發揮其德性的長處而壓制情感之用事呢？固然，情源於人的天生本能，是人性的外顯部分，屬於人性之內；而愛確不是全然屬於人，由上帝而來，因只有上帝是愛，而愛的命令又含有違人情感的「愛仇敵」一條。

愛雖然是一條命令，屬於外在強制的，但其實從基督宗教的神學來說，愛又是人性的一部分。聖經說「上帝是愛」，但愛的存在必然假設有愛的主體（愛者）和愛的客體（被愛者）的存在。「上帝是愛」是在描述上帝的本體╱存有，即或在上帝還未創造世界和人類以先，上帝仍然、不變地是愛。如此會引出一個問題：在還未創造以先，只存在愛的主體（上帝），愛的客體是甚麼呢？這個神學問題的答案指向基督宗教所信守的「三位一體論」（Doctrine of Trinity）。

上帝在其自身有三個位格（*hypostases*/persons），三個位格並非獨立自存，而是相互依賴、相互滲入的，個體主義（individualism）在三一論裏完全沒有位置。[49] 從〈尼西亞—君士坦丁堡信經〉得知，子由父而生，靈由父和子而出，[50] 表達三者存在於一種關係性之中，而此關係是永恆的，就是愛的關係，並可說上帝就是「在愛中的存有」（Being-in-love）。但聖經又告訴我們，人是按上帝的形像而造（創一27）。歷來對甚麼是「上帝的形像」有不同的解說，但按上面所論，如果上帝是存在於一個關係性的團契中，人是按上帝的形像被造，人理當亦生存在一個關係性的團契之中，否則人便不像上帝了。而此團契的最大特色就是愛。

在基督宗教裏，我們愛雖然是源於上帝的命令，又建基於上帝對世人的愛，但這並不代表愛與我們的人性是格格不入的；正相反，愛雖然是一條命令，但其實愛同時是一件人務本的行為，因上帝就是愛，而人是按上帝的形像被造，故此，愛亦成了我們擁有上帝形像的反映——否定愛屬乎人，就是否定人的位格性。[51] 假若上帝是「在愛中的存有」，我們一羣按照祂形像被造，又因基督的救贖恢復了原初被造身分的人，豈非可以效法主而成為「在愛中的存有物」(being-in-love)嗎？[52] 基督宗教所說的愛，既是上帝的命令，但又同時源於人性。故此，人人都可以去愛，人人都應去愛。

3. 有情感通與普愛世人

當比較基督宗教的愛與中國文化的情時，往往出現以下的問題：基督宗教說的是普愛，愛世間所有的人，例如愛鄰舍(太五43～44)這一誡命，從廣義來說，鄰舍可以指任何一個相遇人，從狹義上說，則指身邊認識又有需要的人；但中國文化教導我們的情是先對親人、自己人，然後由親至疏，而有情的程度亦相應減低，直至外人範圍便可無情。故此，基督宗教的愛被誇耀為一個普及的愛，愛世間上所有的人；或被批評為不切實際的愛，胡亂開出的「空頭支票」，不能兑現。

賈詩勒指出，要按字面意義實踐「愛世上所有的人」是不可能的，即或我們真的努力嘗試，但最終亦不過能愛身邊一少撮的人。我們頂多有愛所有人的心，但能力不竟有限，正是「心靈願意，肉體軟弱」。但幸虧的是，從聖經的原則中，我們同樣可以把被愛者的範圍由親至疏地發展。首先，按以弗所書五章29節，人不要恨惡自己，總應保養顧惜；人應自愛，先愛自己的身體，正如基督愛教會一般。其次就是要愛自己的親屬，正如提摩太前書五章8節所說，不愛念和看顧自己親屬的人，比不信的人還不好。再其次是愛教會內的肢體(約壹三7)

及肢體的家人（加六10），最後就是愛世上所有的人。由親至疏的原則，亦同時見於主耶穌在地的生活：主當然愛世上所有的人，但在現實生活的實踐上，主仍是先愛十二使徒，然後眾門徒，他可以為了教導門徒而暫時離開眾人（太十三36），又在復活後向較親近的人顯現（林前十五3～8）。[53]

在此，筆者贊同羅秉祥的提醒，他雖然認同基督徒應學效耶穌基督的愛，人愛和神愛之間具有連貫（continuity），但他同時強調人愛與神愛的斷裂（discontinuity）。基督的愛既是我們學效的榜樣，但同時構成我們去愛的限制。例如基督的愛是普世和兼容的，我們卻辦不到（辦不到的原因不是我們不想行，而是能力的限制叫我們不可行）；基督的寬恕可以赦罪，我們的卻不可以。職是之故，基督那完美的愛，既是我們的盼望，但又同時是我們的絕望——正因我們是人，我們並非超越的，故此我們亦無法希冀可以達到基督那超越的愛。羅秉祥有很好的總結：

> 總言之，基督不單是我們愛的典範，也是我們愛的限制。因為只有耶穌才是基督，我們效法耶穌的愛，只能適可而止；若是有所逾越，我們便是以自己為基督，或扮演基督了。[54]

基督徒理可接受中國文化所說愛人由親至疏，如此還比較接近現實和可行。只是要注意的是，反對聖人無情之說，又反對對外人無情之說。筆者相信，愈親近上帝的人，愛上帝愛別人的心必然加深。另外，我們的愛（指有所行動）未必真能達到所有人，但我們對世人的情卻可以無遠弗達，是認識或不認識的人，是近處還是遠方的人，我們對他們「有情」是可以人人都做得到的。

愛身邊可以接觸的人，對其他的人有情感通，看來是一個可行又實際的選擇。

而筆者相信，對其他人／不認識的人有情，可以有助我們去實踐愛鄰舍的教導，把愛的範圍推展。在撰寫此文期間，筆者聽到一名學生的見證：當她在一次乘坐公共交通工具時，坐在身旁的一名少女經常以染藥的紙巾放在鼻前大力吸索，這位學生同時嗅到濃烈的天拿水氣味，想必是少女在吸索天拿水以求快感，卻不理會是否對身體構成損傷。學生雖然與少女素未謀面，但心裏就是產生一份情，擔憂少女長此下去勢必造成身體傷害。在一份同情共感的推動力下，當少女下車時，學生跟隨下車，並勸勉少女及早戒除此壞習慣。雖然換來的是對方責罵多管閒事，但筆者確認學生愛鄰舍的心，而她之所以踐行愛人的教導，是源於她對少女的一份情。

4. 有情的中國基督徒

如前所論，愛不是縱容，愛並不包含罪惡或容忍罪惡繼續存在。另外，在法理面前，愛心並不應變成法理得以彰顯的攔阻，以維持公義公平的原則。人情往往被認為是法理得以執行的障礙，叫人處事以體諒、包容為重，而忽略公義是否得以落實，尤其當事人是與我們在人情上有關聯。基督宗教的愛同時強調守約、公義、懲治，著重制度的訂立和嚴格執行，正如上帝與以色列人立約，並要求以色列人執行，教會內亦有紀律條文要求肢體遵守。

筆者在此欲思考另一方面的問題，就是在合理合法的情況下，我們可否多一點情味，而不單單只講行動；恐怕強調了法和理（一切按本子辦事），愛心反而被壓抑。例如在處理教會的懲治上，在斥責和不容姑息教會內的罪時，多一點人情味是重要的，而人情所說的同情共感在此應可以有所提醒。[55]

可能正因為基督宗教的愛同樣肯定公義和法理，再加上現代社會的系統化、制度化和一致性的要求，我們在辦事上力求公平，處處以原則居先。讓我再強調，處事遵守原則而不徇私，對建立穩定的社會來說是十分重要的，人情的負面影響和異化效果（包括人情債、與利益關聯、攔阻法律施行）不應被接受。但堅持原則的嚴謹性，便容易墮進失卻愛心的指控。中國人的人情——指一種同情心、憐憫心，同情共感，體察、敏感別人的感受，盡量叫對方減少不必要的情緒反應，正是在冷冰的法理中一份叫人感到溫暖的情意，我們沒有必要總是叫別人感到難堪呢！

筆者舉一個日常的例子：一間學校在招生時，理應有一定的守則，在審批的過程中，申請者是否符合要求，包括學歷程度、成績高低、面試表現、推薦人的評語等等，都是考慮的因素。其他不相干的人情因素（申請人認識科主任，或是校董的兒子），不應作為決定因素。但在整個甄別過程中，情的積極因素便可以放進去，一種設身處地，同「情」心的態度，知道申請者的擔憂和惶恐。一句親切問候的說話，明確有禮的回覆，甚至為未能成功申請者提供另外的選擇，而不刻意刁難，在面試時不尖酸刻薄，不挖苦別人的不是和不足，實體現「將心比己」、「同情心」的人情味。如果在凡事上可以多體諒別人的心情，寧願多付出而叫人得益處，就是一個有情有愛的基督徒了。

六 結語

筆者不單想嘗試建構一套情與愛的比較神學，筆者更希望的，是在今天人與人之間冷漠的氛圍下，播下中國人情的種子，大家作一個有情的基督徒，對世間種種有情，多體諒和體貼別人，不斤斤計較，凡事記掛別人的益處，願意自己多行一步，多付出一點。在有情的推動下，我們可以更懂得作一個愛上帝和愛別人的基督徒。

註釋：

1. 羅秉祥：〈愛與效法——對話及詮釋性的神學倫理學〉，載《中國神學研究期刊》35期（2003年7月），頁69。
2. Bertrand Russell, *Why I Am Not a Christian, and Other Essays on Religion and Related Subjects* (London: Unwin Paperback, 1975).
3. Bertrand Russell, *Human Society in Ethics and Politics* (London: Routledge, 1954), 213～221.
4. 其實羅素不是要認同現實的基督宗教，正正相反，他是在反諷現實的基督宗教缺少這些真正的基督宗教所說的愛的元素，甚至不可知論者（包括羅素本人）較基督徒可以更似「基督徒」，因他們才真正在踐行這些真正基督宗教所說的愛和憐憫。參 Bertrand Russell, "What is an Agnostic?" from web: http://www.solstice.us/russell/agnostic.html (2007.10.24)。
5. Erich Fromm, *The Art of Loving* (New York: Harper & Row, 1956) chap. 2, cited from web: http://eqi.org/fromm.htm#Quotes%20by%20Fromm. (2007.10.24)
6. William Johnston, *Silent Music: The Science of Meditation* (New York: Fordham University Press, 1997), 136.
7. 有關比較神學的介紹，可參拙文：〈門外鮮花芬芳：克盧尼的比較神學初探〉，載《道風：基督教文化評論》24期（2006春），頁23～49。
8. 羅運炎：《基督教精神》（香港：基督教輔僑出版社，1958），頁62。
9. 「究竟甚麼是愛呢？這確難於形容描摹，因為有了它，雖向它無需表述，可是缺了它，卻表述也無從表述。」羅運炎：《基督教精神》，頁54。
10. 姚新中著，趙艷霞譯：《儒教與基督教：仁與愛的比較研究》（北京：中國社會科學院，2002），頁101。

11. 參 James F. Childress and John Macquarrie eds., *The Westminster Dictionary of Christian Ethics* (Philadelphia: The Westminster Press, 1986), 354。
12. Stanley J. Grenz, *The Moral Quest: Foundations of Christian Ethics* (Downers Grove, Illinois: InterVarsity Press, 1997), 280.
13. Paul Tillich, *Love, Power, and Justice: Ontological Analysis and Ethical Applications* (New York and London: Oxford University Press, 1954), 24～26.
14. 參〈情繫中國〉二. 1。
15. 例如流行於二十世紀六十年代的西方樂隊組合 Simon & Garfunkel，其中一首名曲 *I am a Rock*（我是岩石），就道盡了個體孤立主義的心聲和悲哀。
16. Tillich, *Love, Power, and Justice*, 25～26.
17. 羅運炎：《基督教精神》，頁66。
18. 參 Childress and Macquarrie eds., *The Westminster Dictionary of Christian Ethics*, 356。
19. 羅運炎：《基督教精神》，頁55。
20. 參〈情繫中國〉二. 2。
21. Tillich, *Love, Power, and Justice*, 27。
22. 參 C. S. Lewis, *The Four Loves* (London: Collins, 1963)。
23. Geisler, *The Christian Ethic of Love* (Grand Rapids, Michigan: Zondervan Publishing House, 1979), 20.
24. 參虞格仁（Anders Nygren）著，韓厚等譯：《歷代基督教愛觀的研究》第一冊（香港：中華信義會書報部，1950），頁5。此書把 *agapē* 翻譯為「愛佳泊」，*eros* 翻譯為「愛樂實」，但本文把翻譯分別改動為「神愛」和「人愛」。
25. 虞格仁著，韓厚等譯：《歷代基督教愛觀的研究》第一冊，頁48～53。
26. Tillich, *Love, Power, and Justice*, 27～28.
27. Tillich, *Love, Power, and Justice*, 118～119.
28. Grenz, *The Moral Quest*, 280～290.
29. 萊因霍爾德·尼布爾（Reinhold Niebuhr）著，關勝渝、徐文博譯：《基督教倫理學詮釋》（台北：桂冠，1992），頁137。
30. 參 William Johnston, *The Mirror Mind: Zen-Christian Dialogue* (New York: Fordham University Press, 1981), 122～124。
31. 參 Grenz, *The Moral Quest*, 291。
32. Geisler, *The Christian Ethic of Love*, 55.
33. Geisler, *The Christian Ethic of Love*, 16.
34. 另參姚新中：《儒教與基督教》，頁85～127。
35. 馮友蘭：《新世訓：生活方法新論》（北京：三聯，2007），頁85～87。
36. 馮友蘭：《新世訓》，頁94～96。
37. Geisler, *The Christian Ethic of Love*, 42.
38. 羅秉祥：《黑白分明——基督教倫理縱橫談》（香港：宣道出版社，1992），頁23～24。

39. 尼布爾著，關勝渝、徐文博譯：《基督教倫理學詮釋》，頁137。
40. 參〈情繫中國〉四. 3。
41. Geisler, *The Christian Ethic of Love*, 24～25.
42. 參拙作：〈反分離的分離者：加爾文論教會〉，載《建道學刊》22(2004)，頁159～184。
43. 羅秉祥：《黑白分明》，頁26～28。
44. Geisler, *The Christian Ethic of Love*, 59.
45. 此事發生在二〇〇七年十月十四日香港的天水圍，長女十二歲，幼子九歲，母親有精神病記錄，可參 http://hk.news.yahoo.com/071014/60/2hism.html (2007.10.31)。
46. 參本文三. 1。另參馮友蘭：《新世訓》，頁83～100。
47. 姚新中：《儒教與基督教》，頁126和160。
48. 姚新中：《儒教與基督教》，頁119。
49. 可參 John D. Zizioulas, *Being as Communion: Studies in Personhood and the Church* (Crestwood, NY: St. Vladimir's Seminary Press, 1985), 27～65。
50. 靈由父「和子」而出，是西方拉丁教會的傳統，「和子」（*filioque*）一詞並未載入原裝的信經之內，亦為東方希臘教會所反對，並構成東西方教會分裂的原因之一。參湯清編：《歷代基督教信條》（香港：基督教文藝，1989四版），頁15～21。
51. 羅運炎：《基督教精神》，頁63。
52. William Johnston, *Being in love*: *A Practical Guide to Christian Prayer* (New York: Fordham University Press, 1999), 129～139.
53. Geisler, *The Christian Ethic of Love*, 35～39.
54. 羅秉祥：〈愛與效法〉，頁77。
55. 已有教牧注意到在教會的紀律和懲治上，中國文化曾經起過甚麼的作用，又應起怎麼的作用。參王德福：〈愛與責——合乎中國文化的教會紀律與懲治〉，載《教牧期刊》20期（2006.5），頁133～162。

9

從基甸的成長故事看上主的情

陳文芳

一 引言

士師記描述約書亞之後、王國之前以色列一段相當黑暗和混亂的時期，在聖經中四次提及「那時以色列中沒有王」（士十七6，十八1，十九1，二十一25），首尾兩次更加上「各人任意而行」（士十七6，二十一25）。在這段黑暗混亂的日子，上主興起十二位士師來拯救以色列人，[1] 奧遜（Dennis T. Olson）指出，個別士師故事可分為三個主要階段，描繪在軍事力量和宗教忠誠方面的逐漸衰敗。[2] 第一個階段描述俄陀聶（士三7～11）、以笏（士三12～20）和底波拉（士四1～五31），都是有道德、忠誠和得勝的士師。第二個階段以基甸（士六1～八35）和他叛逆的兒子亞比米勒為代表，標誌著一個轉變階段，由勝利與忠誠以至拜偶像和不顧後果、自私的運用軍事力量和暴力。第三個階段充滿內部紛爭、分裂、內戰和悲劇，以耶弗他（士十6～十一15）及參孫（士十三1～十六31）為代表，而士師質素走下坡就是由基甸開始。[3] 基甸對仇敵米甸人最初的軍事勝利令人印象深刻，但基甸亦是膽怯的、猶疑的，常常懷疑神是否有能力成就神所應許的。最終，基甸自己由拆毀偶像的人轉變成為製造偶像的人。[4] 基甸的成長是曲折的，在成長的過程中，基甸與上主直接對話，多番試探上主，他與上主第一身的相交充分反映人性的複雜和軟弱，亦反映上主對基甸不離不棄，忍受他的軟弱卻又多方建立他，上主對基甸有百般忍耐千般情。本文將從基甸的成長故事探討上主的情。

二 成長的背景和與主相遇

士師記二章6至23節是全書的總結，亦勾勒全書在結構上的六個大循環，每一個循環都依循一定的公式，有相同結構，但其中有變化，六個大循環一個比一個長而複雜，反映士師質素每下愈況，以致達到十七至二十一章嚴重敗壞和混亂的情況。六個大循環的公式是「以色列人行耶和華眼中看為惡的事」（士二11），「耶和華的怒氣向以色列人發作」（士二14），「就把他們交在甲的手中」（士二14），「以色列人服事甲N年」（士二15），「以色列人呼求耶和華的時候」，「耶和華就為他們興起一位拯救者救他們，就是乙」（士二16、18），「耶和華的靈降在乙身上」，「耶和華將甲交在他手中」（士二18），「於是國中太平M年」，「乙死了，葬在X」。（有關這六個大循環的士師，詳見附表1。）

基甸的成長就始於這個背景：「以色列人又行耶和華眼中看為惡的事，耶和華就把他們交在米甸人手裏七年。」（士六1）米甸人壓制以色列人，毀壞土產，不為他們留下食物牲畜，在經濟上嚴重打壓他們，以色列人因米甸人的緣故極其窮乏，就呼求上主（士六6～7）。上主和以色列人立約，就是申典歷史的精神，順服主遵行誡命的必蒙賜福，叛逆神拜偶像行惡必遭懲罰。上主不能單有慈愛而不執行公義，但祂對以色列人的呼求並非無動於中，人幾時呼求轉向上主，祂就幾時回應他們的呼求。祂差先知到以色列人那裏，說明禍患的原因：「我是耶和華——你們的神。你們住在亞摩利人的地，不可敬畏他們的神。你們竟不聽從我的話。」（士六10）以色列人的禍患源自不聽從神的話，拜偶像行惡。上主因憤怒而斥責，口裏責備，但心裏著急，祂亦因憐憫而主動尋找拯救以色列的人，就是基甸。

基甸初遇上主的使者時，正在酒醡裏打麥子（士六11），本來打麥子應在禾場上，酒醡是用來釀酒的，但基甸因害怕，要防備米甸人的攻擊，只好躲在室內打麥子。基甸的名字意思是「砍伐者」，正是介紹他的時候他正在做的事。[5] 上主的使者向基甸顯現，對他說：「大能的勇士啊，耶和華與你同在！」（士六12）「大能的勇士」（*gibbôr heḥāyil*），原文可翻譯為「大財主」（得二1）。從基甸父親的重要性（士六25）和他的家丁數目之多（士六27，可從僕人中挑選十個人），與米甸王對他兄弟的描述（士八18，各人都有王子的樣式），可見基甸的家族也是一個顯要的家族。[6] 上主的使者稱呼基甸為「大能的勇士」，但事實上他卻是膽小如鼠、猶豫怯懦，需要多番保證才敢行事的人。但基甸覺得最諷刺的，就是「耶和華與你同在」這句話。

使者用第二身單數對基甸說「大能的勇士」「耶和華與你同在」，但基甸卻用第一身眾數回答：[7]「主啊，耶和華若與**我們**同在，**我們**何至遭遇這一切事呢？**我們**的列祖不是向**我們**說

『耶和華領**我們**從埃及上來』嗎？他那樣奇妙的作為在哪裏呢？現在他卻丟棄**我們**，將**我們**交在米甸人手裏！」（士六13）基甸的回應充滿怨憤和冷嘲熱諷，他也許沒有聽到早前使者的說話，或是不相信這些說話。他是代表以色列全會眾，向神質疑這苦難和神義的問題。他認定神要對目前的苦難負責，卻忽視了以色列人犯罪叛逆的原因。

但上主並未因基甸的冷嘲熱諷而發怒，他亦沒有和他糾纏於神義的問題。上主觀看基甸，親自差遣他去從米甸人手裏拯救以色列人。現在以色列人在水深火熱之中，已經不是辯論孰是孰非、誰要負責的問題，而是要幫助以色列人脫離困境。但基甸的回應更是冷淡：「主啊，我有何能拯救以色列人呢？我家在瑪拿西支派中是至貧窮的。我在我父家是至微小的。」（士六15）這簡直就是摩西的翻版，事實上基甸故事的特色是影射許多聖經人物和事件。[8] 基甸不相信自己的能力，更加不相信差祂的上主的能力，他認為自己有何德何能拯救以色列，左推右搪，對主的呼召非常抗拒。上主非常忍耐的向他重申：「我與你同在，你就必擊打米甸人，如擊打一人一樣。」（士六16）神與基甸同在這個應許和祂向摩西的應許完全一樣（出三11），神也曾應許與約瑟、約書亞、大衛、耶利米和以賽亞同在。但基甸仍然不相信使者的身分，或者不相信使者的能力，而要求使者以記號提出證明（士六17），這是基甸第一次對神的身分和能力作的測試：「求你不要離開這裏，等我歸回將禮物帶來供在你面前。」（士六18）

神知道基甸的不安與不信，也就藉測試表明祂的能力。主說：「我必等你回來。」（士六18）上主對這小信的人是何等忍耐和寬容："I will be right here waiting for you!" 當火從磐石出來燒盡祭物，基甸就知道面見的是神，非常害怕會死。有情的神體諒基甸，安慰他：「你放心，不要懼怕，你必不至死！」

三 拆巴力祭壇

基甸親眼見主，無法不俯伏敬拜，他主動為上主築了一座壇，名為「耶和華沙龍」，就是土賜平安。但聖潔的神對基甸縱然俯就卑微，祂的要求卻從不降價。上主清楚吩咐基甸拆毀父親為巴力所築的壇，砍下壇旁的木偶當柴燒，就是生育女神亞舍拉，並把第二隻牛獻為燔祭。基甸知道這是神，便「照著耶和華吩咐他的行了」（士六27）。但基甸又怕父家和本地的叔伯鄉親責難，不敢在白晝行事，就在夜間行了。這反映基甸的怯懦，他無法否定神，但羣眾和輿論壓力、親屬的責難遠比神的能力更大。紙包不住火，事情終被發現了。但為他解圍、救他一命的卻是拜巴力的父親。父親約阿施聲稱有誰為巴力爭戰，早晨就必死去（士六31）：「巴力若果是神，有人拆毀他的壇，讓他為自己爭論吧！」約阿施對以色列的神的能力作了一個神學主張，他並沒有聲稱巴力不是神，他只是質疑巴力的能力，要巴力自己證明自己。基甸雖然被人稱為耶路巴力，但諷刺的是基甸並無真正和巴力爭辯，和巴力爭辯的其實是他父親。基甸雖然膽怯，但仍遵照上主吩咐而行，神亦藉此向他表明惟有上主才是真正的神，有神的能力。

四 羊毛測試

除了從人而來的壓力，環境的壓力亦令基甸害怕：「那時，米甸人、亞瑪力人，和東方人都聚集過河，在耶斯列平原安營。」（士六33）雖然上主多番應許，而上主的靈降在基甸身上（士六34），再加上眾多支派都出來支援他，他還是非常害怕。他對自己無信心，對神更無信心，眼前的困境掩蓋了他對神的認識。他仍然不肯定神是否要照著所說的話，藉他手拯救以色列人，他再一次要求證據。第一個證據是放一團羊毛在禾場上，若單是羊毛上有露水，別的地方都是乾的，「我就知道你必照著所說的話，藉我手拯救以色列人」（士六37）。基甸次日早晨起來，「見果然是這樣」（士六38）。雖說羊毛經過一夜難免會沾上露水，但神是加倍的向他證明了：「將羊毛擠一擠，從羊毛中擰出滿盆的露水來。」（士六38）但這超自然的現象仍未能令小信的基甸安心：「讓我將羊毛再試一次。但願羊毛是乾的，別的地方都有露水。」（士六39）這「試」正是士師記二章22節上主留下各族，為要藉此「試驗」以色列人的同一個字，看他們肯不肯照他們列祖謹守遵行上主的道。上主容許基甸一試再試，試的不光是羊毛，更是神是否會照祂所說的話去行，這是試上主的信實和能力，是對神最根本的質疑。

經過火燒祭物，經過巴力的爭論，再經過濕羊毛測試，基甸早就應該有足夠證據能以相信神和祂的能力，並祂所應許過的話。要是基甸不肯相信，再試一百次他也可以不信。以色列人受米甸人壓迫，已經無路可逃，基甸就算不為自己，也當為國家民族奮勇一戰。但他只看到自己的困難，而看不見神的作為。神既有自己的尊嚴和能力，實不應受擺佈，亦不必忍受不信的人多次反覆試驗。至此，神完全可以拂袖而去，另選高明。但慈愛的主對基甸的回應是：「這夜神也如此行：獨羊毛上是乾的，別的地方都有露水。」（士六40）基甸可以當說過的話不算數，但神言出必行，祂完全知道基甸的小信，但祂不和基甸計較，而以恩典一次又一次地向基甸證明自己是神，祂所說的必然成就，這就是上主對基甸無私的愛、深厚的情。

五 減人數和仇敵的夢

基甸終於出戰了，但認識他的主在他的成長路上從來未曾鬆懈對他的教導。上主知道基甸會自卑小信，更知道他會自大誇口。上主刻意大幅刪減以色列軍隊人數，除了消除懼怕膽怯的，更重要的是「免得以色列人向我誇大，說：『是我們自己的手救了我們』」（士七2）。敵人「如同蝗蟲那樣多。他們的駱駝無數，多如海邊的沙」（士七12），敵人總數有十三萬五千人（士八10），本來基甸的軍隊有三萬二千人（士七3），但經上主刻意刪減後只剩三百人，叫基甸無法自誇。對於這三百人，解經家曾分成兩派爭辯到底他們是勇士還是懦夫，而普遍的詮釋均以「警醒」為核心，視這三百人一邊捧起水舔，另一手拿武器戒備敵人為警覺的行為。[9]

上主吩咐基甸出戰，應許他「我已將他們交在你手中」（士七9），但上主知道基甸的軟弱，他說：「倘若你怕下去，就帶你的僕人普拉下到那營裏去」（士七11），上主更主動再提供一個證據給基甸，就是讓他偷聽到敵人的夢和夢的講解：「這不是別的，乃是以色列人約阿施的兒子基甸的刀；神已將米甸和全軍都交在他的手中。」（士七14）諷刺的是，這說話的內容上主一早已對基甸說了，但他不會相信，但偷聽到敵人對夢的講解，基甸就信到十足，勇猛出征：「起來吧！耶和華已將米甸的軍隊交在你們手中了。」（士七15）而上主也知道只有這樣基甸才相信，就設計了這個預兆給他，對他是何等包容和體諒。

基甸奮勇出戰，口號是「耶和華和基甸！」（士七18）有學者認為，基甸奪取了部分勝利的榮耀，[10] 但畢竟到這時基甸真的相信上主的能力，亦相信自己的能力。基甸軍隊手拿的武器是空瓶和火把，行動是吹角和吶喊，但事實上是「耶和華使全營的人用刀互相擊殺」，四處逃竄（士七22）。勝利完全屬於上主，但基甸在順從中體會到上主得勝的能力。上主引領這場爭戰，是要基甸親眼看見神的能力，叫基甸可以成長。

六 復仇和墮落

基甸以巧妙的言語化解了以法蓮人的怒氣，指以法蓮人捉拿了米甸的首領俄立和西伊伯，是更加了不起。基甸追趕米甸人的王西巴和撒慕拿時，遇到疏割和毗努伊勒的人拒絕提供食物給基甸的軍隊，更譏誚他：「西巴和撒慕拿已在你手裏了嗎？」他們質疑基甸是否可以有能力捉拿兩個米甸王。基甸對這個質疑非常不滿，更出言恐嚇。他殺敗了米甸軍兵，因為他們毫無防備。[11] 在此基甸完全相信自己有能力擊敗敵軍，和最初的恐懼成了強烈對比，他多次對神起疑惑，卻不能忍受別人對他的能力有疑惑。基甸表明殺米甸兩王，是為要報他們殺他同母兄弟的仇。在此基甸承認他用以色列軍隊去達到個人的報復。

基甸贏了勝仗，救了以色列人脫離米甸人的手，以色列人要求基甸和他的子孫管理他們。但基甸斷然拒絕：「我不管理你們，我的兒子也不管理你們，惟有耶和華管理你們。」（士八23）申命記律法委任審判官，按公義審判百姓（申十六18～20，十七8～13），士師的角色包括立法者、法官、行政長官。士師必須在有爭議時做出決定、執行判決、分辨是非、譴責罪惡、施行處罰、保護無辜，如底波拉亦作審判角色（士四4～5）。在士師時期，士師（審判官）的角色主要是拯救以色列民脫離仇敵（外族人）的手，是軍事領袖，而士師是上主興起的，上主與士師同在（士二16、18）。士師的職責亦應該包括教導以色列人行律法，只是以色列人不聽從。基甸拒絕管理以色列民的職責，其實經文從來沒有稱基甸為士師。[12] 基甸只是盡了作軍事領袖的責任，他未有審判治理以色列或教導他們行律法。基甸說得對，惟獨神才應該統治他們，正如耶弗他直接指出上主是士師（士十一27），這亦正是士師記的核心主題。

基甸不願作以色列的王，但他卻要求擁有勝利的贓物和帝王的服飾。他要的金耳環共重一千七百舍客勒，即約二十公斤，「以此製造了一個以弗得，設立在本城俄弗拉。」（士八27）根據出埃及記二十八章6至30節，以弗得是不需要用二十公斤的金子去製造的，因此很多解經家都認為這裏的以弗得可能是一個偶像，因為可以被豎立起來。[13] 以弗得不容易了解，出埃及記二十八章形容以弗得是大祭司的一件圍裙，或是撒母耳和大衛穿的一件神聖袍子。無論如何，「後來以色列人拜那以弗得行了邪淫；這就作了基甸和他全家的網羅。」（士八27）基甸還在世時，國中太平四十年，但基甸死後，以色列人又去隨從諸巴力行邪淫，以巴力比利土（就是巴力之約）為他們的神。以色列人不記念耶和華他們的神，就是拯救他們脫離四圍仇敵之手的。也不照著耶路巴力，就是基甸，向他們所施的恩惠，厚待他的家（士八33～35）。

七 結語

基甸的結局令人唏噓，他選擇不管理以色列民還未叫人失望，但他利慾薰心，選擇了離棄神的道而拜偶像便更叫人痛心，他兒子亞比米勒帶給以色列人的更是災難。經過許多的疑惑、求問、測試、證實，基甸不斷成長，從無自信至深信自己的能力能捉拿米甸兩王、擊潰全軍，以致向譏誚他的疏割和毗努伊勒首領報復。其中有上主不斷的引領、無限的忍耐和寬容，但過去的美好見證沒有保障將來不失腳，過去多次親眼看見神的作為並無保證人一生行正道。上主認識基甸，祂了解亦體諒基甸的不信，亦制止基甸自誇狂傲，正如士師記的循環，人何時轉向神尋求祂，祂也必應允回應我們，只是若人要離棄神和祂的道，慈愛的神亦只有無奈看著人的悲慘結局而黯然神傷。不論上主的情如何深厚，人仍然要為自己所走的路負責。

附表1

士師記的循環

	公式	概論	1.俄陀聶	2.以笏	3.底波拉	4.基甸	5.耶弗他	6.參孫
1	以色列人行耶和華眼中看為惡的事	二11	三7	三12	四1	六1	十6	十三1
2	耶和華的怒氣向以色列人發作	二14	三8	—	—	—	十7	—
3	就把他們交在甲的手中	二14	三8	三12	四2	六1	十7	十三1
4	以色列人服事甲N年	二15	三8（八年）	三14（十八年）	四3（二十年）	六1（七年）	十8（八年）	十三1

5	以色列人呼求耶和華的時候	—	三9	三15	四3	六6、7	十10、15	—
6	耶和華就為他們興起一位拯救者救他們，就是乙	二16、18	三9	三15	四4	六14	十一1、11	十三5、7
7	耶和華的靈降在乙身上	—	三10	—	—	六34	十一29	十三25，十四6、19，十五14
8	耶和華將甲交在他手中	二18	三10	三30	四9、14	七14、15	十一32	十六23、24
9	於是國中太平M年	—	三11（四十年）	三30（八十年）	五31（四十年）	八28（四十年）	十二7（六年）	十五20，十六31（二十年）
10	乙死了，葬在X	—	三11	四1	—	八32～34	十二7	十六30～31

註釋：

1. 十二位士師包括俄陀聶（士三7～11）、以笏（士三12～30）、珊迦（士三31）、底波拉（士四1～五31）、基甸（士六1～八35）、陀拉（士十1～2）、睚耳（士十3～5）、耶弗他（士十6～十二7）、以比讚（士十二8～10）、以倫（士十二11～13）、押頓（十二14～15）及參孫（士十三1～十六31）。賽爾哈默（John Sailhamer）將亞比米勒和約坦都列為士師，但這很難令人信服，因為雖然示劍人和米羅人立了基甸的兒子亞比米勒為王，但他帶給以色列人的是災難和浩劫（士九章），而非拯救和審判。參賽爾哈默（John Sailhamer）著，匯思譯：《賽氏簡明註釋：聖經主題與脈絡研究》（香港：天道，2000），頁210～211。
2. 參 Dennis T. Olson, "The Book of Judges," in *NIB*, 2:791。
3. 參 Dennis T. Olson, "The Book of Judges," in *NIB*, 2:791。
4. 參 Dennis T. Olson, "The Book of Judges," in *NIB*, 2:791。
5. 參 Tammi J. Schneider, *Judges*, BOSHNP (Collegeville: The Liturgical Press, 2000), 104。

6. 參曾祥新：《士師記》，天道聖經註釋（香港：天道，1998），頁184。
7. 參 Schneider, *Judges*, 104。
8. 與基甸故事相似的聖經人物和事件，包括出埃及（出十四～十五章）、呼召摩西（出三章）、在西乃山拜金牛犢（出三十二章）、耶羅波安王的金牛犢（王上十二章）、米迦的銀以弗得的崇拜（士十七～十八章）、天使探訪亞伯拉罕和撒拉（創十八章）、雅各和神在毗努伊勒相遇比賽、改名為以色列（創三十二章）、以利亞與巴力先知相遇、迦密山祭壇上的燔祭（王上十八20～40）、約書亞在耶利哥的勝利，吹號角城牆倒塌（書六章）。參 Olson, "The Book of Judges," 792。
9. 參 David M. Gunn, *Judges*, BBC (Oxford: Blackwell Publishing, 2005), 105。
10. 參 Schneider, *Judges*, 120。
11. 《和合本》「他們坦然無懼」的「他們」是指米甸軍兵，全句意思是「因為那些軍兵以為到了安全的地方，不再防備了。」參曾祥新：《士師記》，頁215。
12. 參 Schneider, *Judges*, 130。
13. 參曾祥新：《士師記》，頁227。

附錄

褚永華院長小傳

蘇遠泰

褚永華院長生於一九四七年的農曆三月二十五日（即陽曆五月十五日）。因當年大陸沒有出世紙，褚院長只有香港的宣誓紙，他的母親卻報了農曆日期作為褚院長的出生年日。因此，褚院長至今仍採用一九四七年三月二十五日（而非五月十五日）為其出生日期。褚院長生於上海，籍貫揚州，父親褚兆蔭，為銀行學徒，母親王蘭英。褚院長雖有十二兄弟姊妹，可惜他們不幸早喪，獨褚院長可以存活長大。一九五〇年跟隨父母偷渡來港，住在調景嶺的難民營，生活艱苦，曾受教會救濟。

一九五四年，香港聖經學院（香港神學院前身）夜校部其中一名神學生魏恩甫（浦？）女士，把福音傳給褚院長一家，又帶他們返教會。後來由張祖勝（聖？）先生介紹其父親在香港聖經學院當廚師，母親則在紅磡福音堂（中華傳道會紅磡基督教會前身）做清潔女工，一家人住在由教會廚房改建的屋子裏。父母親在紅磡福音堂信主，而褚院長的啟蒙教育是從教會的識字班開始。後報讀培東小學，入學為三年級學生，因無法承擔昂貴學費而轉到伯特利小學重讀三年級，四年級留級，故此同樣以六年時間完成小學課程。

由於在教會聚會多年，褚院長於一九五九年三月二十六日，即小學四年級時，於大環山游泳棚接受水禮；但褚院長清楚記得他是在小五階段，在伯特利小學舉行的一個佈道會內決志的——故此他是先接受水禮，後決志信主的。

一九六一年小學畢業，一九六六年在伯特利中學中五畢業，隨即在伯特利神學院進修神學，並於一九七〇年獲神學學士（B.Th.）。褚院長從少具有教導的恩賜，尤其在教導聖經上，曾在教會教授主日學時，吸引不少街童爬窗旁聽。自此，褚院長便深入思考如何以不同的形式及有趣的方法來講解聖經，務使聽道的人能夠容易明白和掌握內中的真理，並能啟發他們有條理地發問相關的問題。他又留心一眾名牧（例如葛培理）的佈道方式，在講道事奉上不斷鑽研。褚院長很有講道的恩賜，故此，在伯特利神學院求學期間，常常應伯特利中學老師們的邀請，在早會上代替他們講道——由此看出褚院長的講道備受認同。

一九七〇年褚院長獲獎學金前往美國阿蘇沙太平洋大學（Azusa Pacific University）進修，因用功學習和獲得部分學分豁免的緣故，以兩年半時間獲文學學士（B.A.）和文學碩士（M.A.）學位，又因成績優異，獲獎學金到亞斯庇利神學院（Asbury Theological Seminary）進修道學碩士（M.Div.）。在褚院長努力讀書學習下，只用了四年的時間就獲得上述三個學位。褚院長最喜歡的科目是聖經研究，當時普林斯頓神學院（Princeton Theological Seminary）已取錄他修讀神學碩士課程，後因香港神學院需要的緣故，一九七四年決定暫時回港教書，計劃兩年後才回去完成課程。在一九七三年褚院長短期回港之時，認識了陳慧芬姊妹，經過一年的書信聯繫及兩年的彼此認識，終於在一九七六年結為夫婦。

在香港神學院的事奉，褚院長除了忙碌的教學工作外，還兼任註冊主任。其後，又因當時的院長何海濤牧師抱恙赴加拿大養病，一九七六年桑安柱牧師兼任院長一職，而褚院長為了顧全大局，兼任教務主任，故未能如願返回美國進修。

一九七八年褚院長才能前赴普林斯頓神學院修讀一年的神學碩士（Th.M.）課程，畢業後決定在范得標大學（Vanderbilt University）修讀博士課程，以文學評經方法研究馬可福音，於一九八八年獲哲學博士學位（Ph.D.）。期間三名子女：偉信、偉德、偉恩分別在美國出生。褚院長亦於一九八四年在美國中華傳道會的推薦下，在一間名為Evangelical Church Alliance 的教會被按立為牧師。褚院長又在周六、日參與了一間浸信會福音堂的事奉，除了講道和教主日學外，還參與福音廣播，主要向懂得廣東話的越南人傳講福音及教導生活常識。

一九八八年褚院長回港任香港神學院院長一職至今，並於一九九二年兼任香港中華傳道會總幹事。褚院長在任香港神學院院長之時，為了重整學院的經費及管理等工作，四出奔走，聯絡熱心於神學教育的奉獻者，物色適合的同工事奉，後期奉獻漸漸增長，事奉人手亦有所增加。褚院長歷任香港神學教育協會的主席及職員，備受尊重，被神學界的友好尊稱為「褚老大」。

一九九八年，褚院長由於血壓高，加上工作壓力大，導致身體內供應全身血液的大動脈在一個晚上突然撕裂，在香港葛量洪醫院進行緊急「開心」手術，經過醫生搶救，總算將褚院長從死亡邊緣拯救回來。但手術後大動脈撕裂之處鼓出了一個血泡，隨著日子不斷膨脹，如果因為某些緣故（例如動作過大、被外力碰撞、跌倒）弄破了那血泡，生命便告終結。在上帝的恩典和教會弟兄姊妹的禱告及幫助下，褚院長於二〇〇四年十二月到美國侯斯頓成功做了一個很大的心臟手術，性命得保。[1]

褚院長一生事奉上帝又服侍教會，大半生從事神學教育，善於講道、聖經教導、生命分享，常常以生動、活潑、深刻、感人的例子把聖經真理演繹。為人富人情味，曾與他相處的人均感到愉快、舒服、沒有壓力，是香港神學院眾師生的父親，我們屬靈的父親、良師、益友。在褚院長心裏的理想神學院，並不一定要擁有勞斯萊斯級的硬件，但一個完整的校舍，連同圖書館及宿舍卻是重要的。雖然今天香港神學院規模仍屬細小，但在細小學院裏的家庭式親和文化，又襯托和反映褚院長的淡泊名利、人情味濃、不急於追求發展、視生命的軟體工程較校舍的硬體擴展為重要的人生和事奉態度。褚院長這樣的態度，深深感染他身邊的人，尤其是跟他一起事奉的同工。

褚院長堅持，神學教育的目的是培育一羣教會的教牧同工，聖經和神學的學術研究及文字工作固然重要，但訓練一班愛上帝愛肢體、又有心有情有智有力地牧養教會的同工，始終是神學院首要的使命。香港神學院的努力和改變，亦原是為此。

褚院長平常愛好看書，閱讀範圍十分廣泛，筆者知道雖然他是一個聖經學者，但教會歷史、神學、甚至中國文化、佛學的書亦是他的手中之物，其他課餘的書本均同樣是他的所愛。另外，他又愛聽音樂和看電影。

註釋：

1. 此事的詳情，已載於褚永華所寫的〈死裏重生悟人生〉一文中，收於蘇遠泰、趙崇明編：《當信徒遇上苦難》（香港：香港神學院、基道出版社聯合出版，2006），頁171～182。

褚永華院長生活照

1. 六十年代末在伯特利神學院就讀時與同學們郊遊時攝
前排：左二曾祥新牧師，左三黃家麒牧師，左四甘汝誠先生
後排：左一林錦濤牧師，左二胡明添牧師，左三徐昌言老師，左四褚院長

2. 一九七四年在 Asbury Theological Seminary 畢業（M.Div.）時攝

3. 一九七六年結婚
左一、二岳父母；右一、二褚院長的父母

4. 一九八八就任香港神學院院長與主禮嘉賓合攝
左起：周郁晞牧師、劉知三牧師、桑安柱牧師、褚院長、聶錦勳博士、鮑會園牧師、李朗英牧師、楊啟澤牧師

5. 六十歲生日時與香港神學院教職員合攝

6. 六十歲生日時與家人合攝

7. 二〇〇四年夏，大兒子（偉信）大學畢業時攝

8.二〇〇六年夏，小兒子（偉德）大學畢業時全家合攝
左一為小女兒（偉恩）

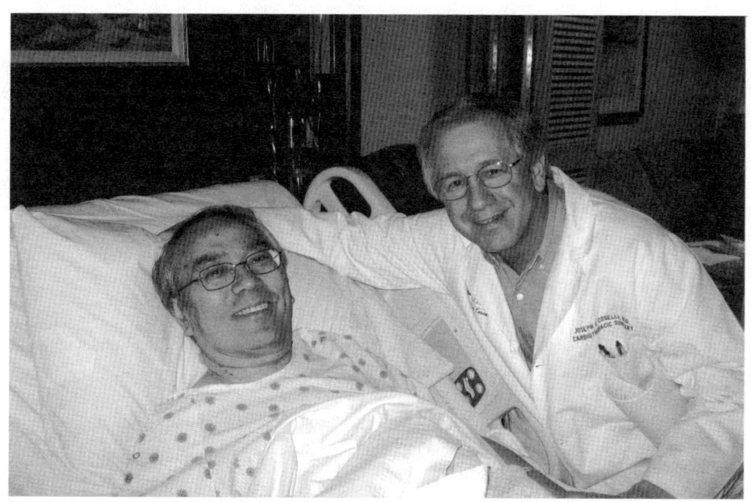

9. 二〇〇四年手術後與醫生（Dr. Joseph Coselli）合攝

10. 與好友合攝

左二、三盧龍光牧師夫婦

左四、五蕭俊良教授夫婦

作者介紹

（按文章次序排列）

周永健
中國神學研究院榮休院長

盧龍光
香港中文大學崇基學院神學院院長

梁家麟
建道神學院院長

楊詠嫦
播道神學院院長

趙崇明
香港神學院神學及歷史科專任講師

蘇遠泰
香港神學院神學及歷史科專任講師

張祥志
香港神學院聖經科專任講師

張慧玲
香港神學院聖經科及實用神學科專任講師

邵樟平
香港神學院聖經科專任講師

翁靜淳
香港神學院部分時間講師

張天和
香港神學院實用神學科專任講師

陳文芳
香港神學院前任通識及聖經科專任講師

緊扣時代 服事教會

以文字傳揚基督真道

讀者意見表

衷心多謝你購買本社書籍。本社一直致力以出版事工服事教會，幫助信徒扎根於神的話語，促進靈命增長。為使我們的出版更能滿足你的需要，請填寫下列各項資料，並寄回或傳真予本社。

所購書籍：＿＿＿＿＿＿＿＿＿＿＿＿＿＿＿＿

本書最吸引你的地方：

□作者　□適切性　□文筆　□設計　□實用性

□其他：＿＿＿＿＿＿＿＿＿＿＿＿＿＿＿＿

購買本書地點：

□基道書樓　□基督教書店　□非基督教書店

性別：□男　□女　職業：＿＿＿＿＿＿＿＿

信仰：□基督徒　□非基督徒

年齡：□16歲或以下　□17～25歲　□26～35歲
□36～55歲　□56歲或以上

學歷：□中三或以下　□中五　□預科
□大學　□研究院

□我欲更多了解基道出版社的事工及考慮支持，請寄給我下列資料：

□機構簡介　□新書資料　□基道會員通訊

□《基道文字事工通訊》

姓名：＿＿＿＿＿＿＿＿＿＿＿＿電話：＿＿＿＿＿＿＿＿

地址：＿＿＿＿＿＿＿＿＿＿＿＿＿＿＿＿＿＿＿＿＿＿

＿＿＿＿＿＿＿＿＿＿＿＿＿＿＿＿＿＿＿＿＿＿

傳真：＿＿＿＿＿＿＿＿　電子郵件：＿＿＿＿＿＿＿＿

其他意見：＿＿＿＿＿＿＿＿＿＿＿＿＿＿＿＿＿＿＿＿

＿＿＿＿＿＿＿＿＿＿＿＿＿＿＿＿＿＿＿＿＿＿＿＿

多謝賜教！

意見表可以傳真（2687-0281）或直接郵寄以下地址：
香港沙田火炭坳背灣街26號富騰工業中心1011室
基道出版社編輯部收